Barbara van Vlamertynghe
Illustrations de Youlie

SE RE-TROUVER MÈRE

FIRST
ÉDITIONS

À ma grand-mère tant aimée, dite Mémé.
Je vous offre un de ses poèmes...

Ce jour
        lointain déjà
où je te vis
dans le soleil
partir vers ta vie...

Temps passé
Temps d'amour

Me souvenir
        à jamais
        de ce jour-là
si beau et si lointain
        déjà...

Éliane Demazet

Sommaire

La naissance de ce livre

Cet ouvrage a vu le jour grâce à ma rencontre avec Amandine Gombault, une de mes patientes journaliste qui est devenue la directrice d'ouvrage de ce projet. C'est elle qui me fait l'honneur et le plaisir de l'introduire.

« Lorsque j'ai rencontré Barbara pour qu'elle m'aide à résoudre les problèmes de sommeil de mon bébé, je ne me doutais pas de ce que j'allais découvrir et apprendre sur mon nouveau rôle de mère. Telle une éclaireuse, elle mettait en lumière, avec justesse, tout ce qui se jouait avec mon enfant, jusque dans mes tripes. Et ce, même la nuit !

Alors que j'attendais des conseils pratiques pour mieux faire dormir mon tout-petit, je recevais, tel un cadeau inestimable, un apprentissage vers ma confiance de mère.

Je n'imaginais pas trouver un tel guide sur ma route et pensais immédiatement que je ne devais pas être la seule à pouvoir en profiter dans une période aussi bouleversante émotionnellement que l'arrivée (ou le désir) d'un bébé !

Il fallait que le plus de mères possible aient connaissance d'un tel accompagnement !

Il fallait que le plus de mères possible sachent qu'être mère n'est pas toujours une évidence et qu'on a le droit de se tromper, de pleurer, de ressentir des émotions contradictoires et paroxystiques, d'être à la fois émerveillée et au bout de sa vie...

Il fallait que chaque mère puisse être accueillie, entendue dans son histoire singulière et soutenue dans son expérience, si elle en ressentait le besoin.

Je lui ai alors proposé d'écrire un livre pour éclairer à leur tour toutes ces mamans ou futures mamans. Un livre qui aurait pour vocation de rendre légitime tout ce qu'elles peuvent traverser afin qu'elles puissent se sentir comprises et guidées comme je l'ai été.

Nous avons donc décidé de donner la parole aux patientes de Barbara, ces femmes qu'elle suit et soutient chaque jour, au gré de leurs douleurs, de leurs angoisses ou de leurs joies d'être ou de vouloir être mère. À travers leurs histoires, nous avons souhaité montrer que chaque femme, malgré les obstacles physiques, psychologiques, matériels, familiaux ou sociétaux qu'elle peut croiser sur la route de sa maternité, a le droit et les capacités de devenir la maman qu'elle souhaite.

Simultanément à ces moments de vie, les patientes ont accepté de partager leurs suivis thérapeutiques avec vous et de vous offrir à lire tout ce qui a pu éclore en elles en tant que future ou nouvelle maman, grâce au travail précieux et intime sur leurs émotions et sur leurs histoires.

Je vous souhaite de vibrer avec elles, mais aussi de vous émouvoir, découvrir, déculpabiliser et assumer haut et fort la maman que vous êtes. »

« Ne vous oubliez jamais
dans la dyade mère-enfant.
Donnez à votre bébé tout l'amour
que vous ressentez et réconfortez-le,
mais ne cessez jamais de vous écouter,
respecter votre corps et vos limites
et reposer votre esprit. Vous serez ainsi
le plus bel exemple d'amour-propre
pour votre enfant lorsqu'il grandira. »

Amandine

Ma rencontre avec Amandine

Il existe certains premiers contacts dont je me souviens mieux que d'autres, et il se trouve que je n'oublierai jamais celui que j'ai eu avec Amandine.

Je conduisais pour aller à l'école récupérer ma petite Laura, ma plus jeune fille. Mon téléphone sonne, je décroche (oui, j'ai le Bluetooth). Derrière une voix d'une extrême douceur se cache Amandine, une jeune maman qui me dit que son bébé Alistair rencontre quelques difficultés de sommeil. Je pense alors que c'est très agréable de l'écouter et que ça me change de certains autres messages plus autoritaires ! Dans sa voix, il y a aussi de l'urgence puisqu'elle déclare que trouver de l'aide est « *une question de vie ou de mort* ». Elle rit, à peine ces quelques mots prononcés, comme pour s'excuser de les avoir laissés franchir sa bouche. Il est capital dans ma pratique de pouvoir proposer, chaque jour, un créneau dédié aux situations prioritaires et le manque de sommeil en est clairement une. Car Amandine a raison : dormir est bien une question de vie ou de mort.

Alors, nous convenons ensemble d'un rendez-vous en fin de journée, avec toujours cette fébrilité au fond de moi : il ne faut pas que je me loupe !

Installée à mon bureau, armée de ma feuille et de mon stylo, je lance l'appel vidéo, que je continue d'utiliser depuis le premier confinement malgré mes freins initiaux (je craignais, en effet, que la relation à mes patientes perde en authenticité et en fluidité). Elle décroche : je découvre une frêle jeune femme blonde et je trouve qu'on se ressemble. Passées les questions administratives et barbantes, je m'intéresse, comme toujours, à son parcours. Ce temps est essentiel : c'est un peu mon état des lieux avant d'entrer dans le vif du sujet. J'ai vraiment besoin de ce moment pour m'imprégner de chaque personne, de chaque famille, de chaque histoire pour chercher à comprendre, à deviner ce qui se trouve derrière chacune de mes patientes. Conception, passé gynécologique et obstétrical, grossesse, naissance, allaitement (ou pas), post-partum, couple... bref tout y passe.

J'apprends qu'Amandine est journaliste, mariée à Ludovic, maman d'Alistair, 9 mois et aussi blond qu'elle (tiens ! il ressemble à mon fils lorsqu'il était bébé). Elle est la belle-maman de trois petites filles qui vivent chez eux une semaine sur deux. Avec une immense émotion, elle me livre son combat de procréation médicalement assistée (PMA) pour devenir maman et son bonheur inégalable de l'être devenue. Ses larmes, ses mots, son amour pour Alistair, ses victoires, ses défaites, ses doutes résonnent en moi, mon cœur bat plus fort, se serre. Comme je la comprends ! Comme j'aimerais lui dire que je peux accueillir chacune de ses émotions, car j'ai été moi aussi marquée au fer rouge par des années de PMA. C'est vrai, oui c'est vrai, on se ressemble.

Professionnelle, je reste dans la célèbre distance soignant/soigné (que j'envoie, malgré tout, valdinguer régulièrement). Je l'interroge, je l'écoute, je la guide et je crée mon puzzle : Amandine a du mal à supporter de laisser son bébé la nuit, à le laisser pleurer, car elle a peur qu'il soit malheureux ou se sente abandonné et craint de mal s'y prendre et de le traumatiser. Plusieurs consultations sont nécessaires pour qu'elle apprenne à se faire confiance, pour qu'elle applique de nombreuses astuces facilitant le sommeil de son fils et il m'aura surtout fallu lui rappeler souvent qu'elle était une bonne maman, celle dont Alistair avait besoin. En effet, elle est régulièrement revenue vers moi pour « *des problèmes de sommeil* » et finalement, à chaque fois, je lui redisais « *vous pouvez le faire* » ou « *c'est bien ce que vous faites* » ou « *Alistair a de la chance de vous avoir* ». Elle pleurait alors, émue d'entendre les mots qu'elle avait besoin d'entendre. Amandine avait bien plus besoin d'être rassurée que son fils et, dès qu'elle était réconfortée, elle se sentait pousser des ailes pour appliquer quelques conseils simples afin que ce petit angelot dorme mieux, pour un temps.

Nos échanges ponctuels se sont ainsi étirés dans le temps, notre relation s'est enrichie et un jour de mai 2021, elle m'appelle, un peu fébrile, un peu excitée et se lance :

« Barbara, j'aimerais écrire votre livre, ou ensemble, ou vous-même, bref, je veux que toutes les femmes du monde – elle rit – profitent de votre méthode.

— Ah bon ? J'ai une méthode, moi ?

— D'ailleurs, j'ai un peu pris les devants, mon éditrice accepte de vous recevoir ! »

Je suis soufflée et intimidée, mais emballée ! J'aime écrire, comme ma grand-mère qui était poète, mais serai-je capable d'écrire un bouquin ? Un jour d'été, alors qu'une femme réalisait mon thème astral, elle avait asséné : « *tu écriras un livre* ». Serait-ce mon chemin ? Instinctive et spontanée, j'accepte, et nous voilà !

Ce ne sera peut-être pas le livre de ma méthode, mais le vôtre, ça, c'est certain. Je mets à l'honneur mes patientes, ma famille, mes amies, leurs vies, leurs expériences singulières, d'une richesse infinie, et la relation intime que j'ai la chance d'entretenir avec elles toutes. La toute première dont je vous aurai parlé restera Amandine, qui mérite toute la douceur du monde, comme l'indique sa voix !

Amandine, emplie d'amour pour Alistair, se remet souvent en question, a besoin d'être rassurée tout autant qu'elle s'épanouit dans son rôle de maman. Elle a même décidé de se lancer dans l'aventure d'une nouvelle grossesse. Ludovic et elle m'ont confié, pendant de longs mois, leur couple et leur préparation à ce futur transfert d'embryon congelé. J'ai fait mon maximum pour les aider à se retrouver sur le pont qui les relie, les comprendre, les mettre en confiance, mettre en valeur leurs forces, prendre soin de leurs blessures, éviter les écueils du passé, les souder et apaiser leurs peurs, pour souligner ce fait : à chaque histoire son bagage, à chaque histoire sa chance, à chaque histoire sa liberté d'être et de naître. En ce qui concerne Ludovic, je ne sais pas si j'ai répondu pleinement à ses attentes, mais je pense avoir maintenu Amandine dans une bulle douce, ressourçante et nécessaire à son flamboyant désir de maternité. La première tentative aura été la bonne, un petit garçon grandit en elle et je m'en réjouis ! J'ai même sauté et crié de joie, comme une enfant, lorsqu'elle me l'a annoncé !

Aujourd'hui, nous écrivons ce livre ensemble, chacune à son poste : elle à la forme et à l'édition, moi au fond, aux interviews, aux analyses et à l'écriture. Chacune offre son soutien et son expertise à l'autre, le tout avec simplicité, fluidité, respect et honnêteté. Rien n'a changé entre nous. Ah si ! On se tutoie !

C'est un honneur de partager avec elle cette aventure et une partie de sa vie de femme et de mère. Je la remercie pour sa patience, sa persévérance, ses mille vocaux, son professionnalisme, ses « *je sais pas* » alors qu'elle est dans le vrai, sa sensibilité, ses GIF, ses rires quand elle a peur de dire une bêtise ou quand je la prends, malencontreusement, en exemple d'une maman confiant facilement son bébé, ses conseils, son optimisme et sa confiance, point d'ancrage de tout lien et donc du nôtre.

Amandine et moi devions nous trouver.

PMA
Alistair
nouveau bébé

« La vie de maman
est une folle aventure
qui mérite fortement d'être vécue. »

Laure

Laure

Faire face à la fausse couche

Simultanément à un parcours de PMA difficile, Laure doit affronter une fausse couche et faire le deuil d'un bébé tant espéré. Des étapes émotionnelles intenses et complexes qu'il a fallu l'aider à traverser.

« *Je suis inquiet pour l'une de mes collaboratrices, elle va te contacter. Elle s'appelle Laure.* » J'ai l'habitude de ce genre de messages, qui émanent de ma famille, de mes amis ou de ma patientèle. Ils me touchent tant la confiance ainsi prouvée a de valeur pour moi. J'y porte toujours une grande attention et attends d'être sollicitée. Et souvent, j'attends longtemps tant il est difficile de faire le premier pas, de demander de l'aide, de s'avouer que là c'est trop et d'accepter qu'une inconnue pénètre sa part la plus intime. La honte et la culpabilité de ne pas coller à l'image de la maman parfaite, mince, maquillée, heureuse, emplie d'amour et de douceur, calme, douée, organisée et puissante rôdent et écrasent ces femmes. J'ai beaucoup de patience, mais aussi beaucoup de respect devant tant d'hésitations et de freins.

D'expérience, je sais qu'une fois le pas franchi et l'accompagnement débuté, ces futures, jeunes et moins jeunes mamans mesurent à quel point il leur a fallu de la force et du courage pour initier cette démarche. Finalement, elles sont fières d'elles, et moi aussi !

Et puis, il y a celles qui décrochent ou envoient un mail, sur un déclic, presque un coup de tête ou parfois un élan vital. « *Je me suis dit : je n'y arrive plus et, sur une pulsion, j'ai demandé vos coordonnées à mon associé, un de vos amis, qui m'avait déjà parlé de vous* », m'a expliqué Laure. Comme si avoir la sensation d'atteindre le fond de la piscine donnait enfin de la légitimité à leur démarche. Je ne cesserai jamais de répéter qu'il faut chercher du soutien auprès de professionnels de santé avant d'atteindre de telles extrémités.

Laure a donc pris, très vite, le premier des plus de cent rendez-vous qui allaient suivre, pendant trois ans, riches de stimulations ovariennes, de deux grossesses, de deux naissances et de deux post-partum ! Je me souviens aussi bien de la première fois où elle m'a accueillie chez elle que de la dernière fois où la porte de mon cabinet s'est refermée sur sa silhouette. La femme en mille morceaux avait laissé place à une maman épanouie, accomplie, apaisée et heureuse. Nous en avons pleuré.

Avant d'avoir le plaisir de faire ce constat, Laure a traversé de nombreuses tempêtes, à commencer par celles qui l'ont menée à moi : une fausse couche six mois auparavant, puis un diagnostic de syndrome des ovaires polykystiques qui enclenchait un processus de stimulation ovarienne pour concevoir un bébé. Des torrents de larmes accompagnaient alors son récit détaillé, fourni et précis lors de notre première rencontre : l'euphorie immédiate du test de grossesse positif, sa naïveté, puis son pressentiment que quelque chose n'allait pas, sa première écho, la froideur du gel sur son ventre et cet écran silencieux, le docteur qui annonce « *c'est fini depuis au moins deux semaines* », l'appel à son chef pour excuser son absence du lendemain, les urgences, les médicaments à avaler et les saignements six semaines durant. J'écoute son histoire et en prends soin.

Un deuil à réaliser : le déni comme première étape

D'abord, j'ai fait le point sur ses différentes émotions et je l'ai invitée à les accueillir. Laure les a décrites avec précision et elles correspondent aux étapes du deuil, essentiel à la reconstruction. La fausse couche est un avortement spontané survenant avant la vingtième semaine d'aménorrhée, privant du jour au lendemain la femme enceinte de son statut de future maman. L'expérience est violente et chaque femme qui la subira devrait bénéficier d'un soutien et d'une bienveillance sans faille plutôt que d'entendre qu'« *une fausse couche, ça arrive* », comme le rappelle Laure. Je m'attelle chaque jour à offrir ce temps et cet espace primordial à mes patientes.

Laure et son mari Pierre-Emmanuel ont eu, dans le même temps, à mettre de côté leurs grands espoirs de conception naturelle et à faire leurs premiers pas en PMA pour contrer le syndrome d'ovaires polykystiques. Il s'agissait de stimuler un peu les ovaires de Laure afin d'obtenir des ovocytes de meilleure qualité. Cette perspective la plongeait dans ce qu'elle redoutait, car sa « *maman a eu des difficultés à m'avoir.* »

Fausse couche et PMA ont, en premier lieu, provoqué en Laure la sidération : « *je suis sonnée, choquée, sans larmes* ». Cet état dans lequel elle s'est trouvée est à la hauteur de l'orage qui venait mettre fin à sa lune de miel. Un mécanisme de défense qui a la vertu de protéger un individu d'une annonce trop forte, d'un choc, de le couper d'une réalité redoutée et qui incarne la première étape du deuil, vécu doublement dans le cas de Laure : le déni.

Canaliser la colère

Ensuite elle a recollé à une autre émotion. « *J'étais en colère contre mon corps. Dévastée. Je pleurais énormément, mais faisais en sorte que cela ne se voit pas. De plus, j'avais des symptômes de grossesse et un début de ventre alors qu'il était déjà parti. Je n'ai pas compris pourquoi mon corps me faisait ça.* »

« J'étais en colère contre mon corps. »

Laure vit là une nouvelle étape émotionnelle qui permet de détourner sa peine vers une autre émotion : la colère. Celle-ci lui semblait plus supportable que d'affronter la tristesse de la réalité. La colère a toujours été la meilleure ennemie de Laure, qui entretient un rapport chahuté avec son corps, ne se trouvant jamais « *assez belle* » ou toujours « *trop grosse* ». C'est alors encore à lui qu'elle s'en prend. Il lui arrivait souvent de peu manger, de s'écrire, presque de se tatouer sur les bras, les mots « *jamais maman* » et bien d'autres messages nocifs, avec force au point de se faire mal pour faire sortir sa douleur. Se faire mal pour ne plus avoir mal.

J'ai passé beaucoup de temps en consultation à tenter de la rapprocher de son corps qui lui faisait faux bond, au point même de ne pas lui permettre de faire de bébé, sans aide, un coup de tonnerre supplémentaire dans un ciel déjà bien assombri. Elle lui en voulait comme s'il ne faisait pas partie d'elle, comme s'il était une entité à part entière, sans autre intérêt que celui de le détester et de se venger de lui. Son corps était l'objet principal de sa colère : « *il ne fait pas ce que je veux, c'est de sa faute* », un peu comme un enfant qui ne verrait pas son caprice assouvi. Non pas que son désir de maternité en soit un, mais sa manière de l'exprimer pouvait par moment y faire penser. Elle s'est d'ailleurs un peu apaisée après que j'ai utilisé ce mot, lors d'une consultation.

Selon une étude récente publiée dans *Obstetrics & Gynecology*, deux femmes sur cinq ressentiraient de la culpabilité et de la solitude après une fausse couche. Le même nombre penserait même être à cent pour cent responsable de cette perte.

Sur mes conseils, Laure a acheté une plante qu'elle a nommée « Zilla », pour incarner sa colère et dont elle devait prendre soin, comme un pas de plus vers elle-même et un pansement sur l'aridité de la PMA. Elle ajoute aujourd'hui « *je soigne d'ailleurs toujours ma plante* ». Sa colère s'exprimait aussi violemment contre son mari, son appartement, son travail (elle est avocate) : « *j'allais tout détruire : mon mariage, mon appart, ma vie* ».

Au détour d'une séance, je lui ai proposé d'emprunter une nouvelle voie que celle de la colère, dont elle n'était finalement que le pantin, que la PMA et la perte de ce premier bébé ne faisaient que renforcer. C'était la « voie B ». Une douce alternative à son mode de fonctionnement, à sa réaction initiale, à la « *combattante* » qu'elle incarnait. Car Laure se battait davantage contre elle-même que pour atteindre son but de devenir mère. Je souhaitais la réconcilier avant tout avec elle-même. Cette voie, cette image est restée présente dans nos séances et son quotidien. Elle dit d'ailleurs à ce sujet : « *J'ai toujours le post-it de la voie B, qui représentait notre PMA, une route, mais pas une autoroute, pas une nationale, qui nous fait aller à gauche plutôt qu'à droite, pas lisse, pas droite, avec des vallons, des vallées, des creux et des bosses.* »

Vivre et accueillir la tristesse

Laure a ensuite connu l'étape suivante du deuil, la dépression, empreinte d'une immense tristesse et qui vient, pour la première fois, la mettre face à la rude réalité : « *j'étais dévastée, j'allais vraiment mal, je pleurais énormément, j'essayais que ça ne se voie pas, mais je n'ai pas très bien réussi* ». Je l'ai laissée pleurer de longues séances en lui accordant le droit de trouver sa fausse couche et ses premiers échecs de PMA injustes, tout comme certaines remarques de son entourage : « *tu réfléchis trop...* », « *laisse-toi aller...* », « *tu y penses trop...* » ou au contraire apprécier le soutien quotidien de sa maman.

La route, jusqu'au prochain bébé, pouvait être longue et je tenais à la mettre en confiance, à la rassurer, en lui disant qu'elle serait maman un jour. Une petite lueur s'est de nouveau allumée en elle : « *j'ai enfin soufflé* ». Je lui ai aussi expliqué que pour accueillir une nouvelle grossesse, il fallait laisser partir le premier bébé, mais ne pas l'oublier et le garder près de son cœur. Je lui ai alors conseillé de lui écrire une lettre pour lui dire au revoir, l'inscrire dans la lignée de sa famille et lui dire tout l'amour qu'elle avait développé pour lui en si peu de temps, « *nous étions deux dans mon cœur dès le test de grossesse* ». Comme toujours, Laure a fait ce que je l'ai encouragée à faire « *en lui écrivant un mot, dans un médaillon que je porte* ».

L'acceptation : la clé de la délivrance

Les semaines et les mois ont défilé. La dernière étape du deuil s'est profilée, une fois les souvenirs de son premier bébé (tendrement nommé « *cacahuète* ») collectés et enfermés dans une boîte. Oui, elle a finalement intégré sa fausse couche à son histoire et elle a aussi profité de cette année pour se faire à l'idée qu'un médecin interviendrait pour la future conception et que chaque piqûre la rapprocherait de son bébé (comme j'aime le dire, un peu comme chaque contraction le jour de l'accouchement).

Et puis Laure est tombée enceinte et sa joie était à la hauteur de sa peur de perdre le bébé : immense et omniprésente, le traumatisme de la fausse couche ayant été réactivé. Je lui rappelais qu'elle formait avec son bébé une équipe, en laquelle il fallait croire et qu'elle ne devait pas refouler sa peur, mais l'accueillir puis la laisser passer comme un nuage. Elle a été immédiatement arrêtée, mise au repos et sous traitement pour protéger sa grossesse. Il lui a fallu plusieurs mois pour que sa peur parle moins fort et retrouver confiance en la vie.

Dès le second trimestre, Laure a adoré porter son fils à tel point que son corps est devenu son allié : « *je me suis réconciliée avec lui* ». Marceau, leur

« *miracle* », est né. Elle s'est progressivement glissée dans son costume de jeune maman qui lui semblait parfois « *un peu trop grand* ». Mais, petit à petit, il est devenu de mieux en mieux ajusté.

Viendra Léandre, leur « *surprise* », deux ans plus tard. Pourquoi une surprise ? J'avais encouragé Laure à faire une pause dans ses nouvelles stimulations ovariennes, car la colère, sa légendaire copilote, grondait à nouveau, elle perdait pied... Je lui ai alors proposé de se rapprocher de son mari et de se donner une chance de faire un bébé tout seuls, et... ils l'ont fait ! Et les voici quatre et même cinq, avec Aubade, la chatte de la maison, qui compte beaucoup, car elle avait aidé Laure se remettre après sa fausse couche.

Aujourd'hui, Laure « *ne souffre plus* », a réalisé son rêve de famille, aime voir ses enfants grandir et découvrir leur lien fraternel. « *On se tient tous les quatre la main, comme vous avez tenu la mienne !* » Et moi je fonds devant tant de gratitude.

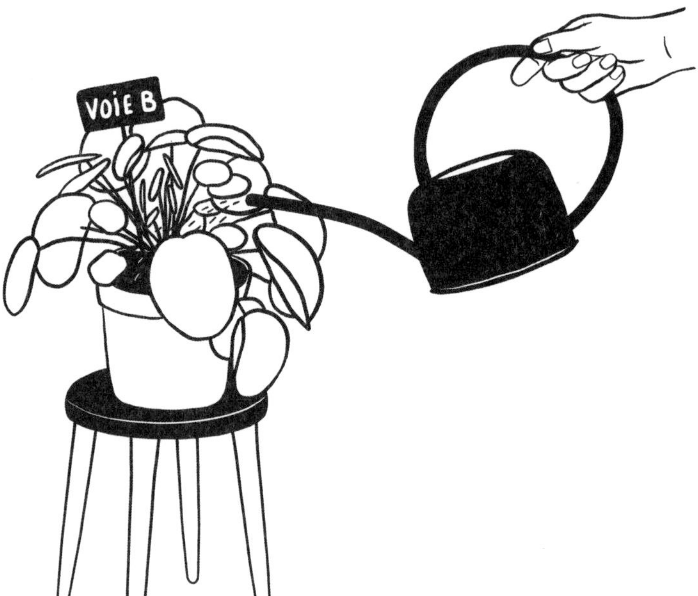

Conseils

Pour affronter une fausse couche

— **Osez en parler** : que ce soit à votre entourage, à votre conjoint ou à des professionnels de santé, il est essentiel que vous trouviez une écoute attentive pour partager votre expérience de deuil. Une fausse couche ne laisse pas indemne, la période de réparation prend du temps.

— **Soignez vos émotions** : près d'une femme sur trois ayant vécu une fausse couche avant douze semaines de grossesse se trouverait dans un état de stress post-traumatique. Pour près d'une femme sur six, cet état de stress post-traumatique se prolonge jusqu'à neuf mois. Il faut du temps pour récupérer. Même si la société garde encore sous silence ce type de deuil, la fausse couche demande une vraie prise en charge psychologique et/ou de participer à des groupes de parole afin de dire sa douleur. C'est salvateur.

— **Sortez de la culpabilité** : la responsabilité des femmes dans les morts *in utero* est une histoire très ancienne. Depuis des centaines d'années, beaucoup de croyances et de superstitions ont été construites autour de cela, laissant une empreinte forte dans l'inconscient collectif. Or, de nombreux paramètres biologiques et/ou physiologiques doivent être pris en compte et ceux-ci n'ont rien à voir avec une quelconque responsabilité de la future maman. Une information à vous rappeler au quotidien et à évoquer avec votre gynécologue, par exemple, si vous ressentez de la culpabilité.

« Agissez en conscience.
Faites-vous confiance, écoutez
votre instinct de maman
qui sait tout. »

Peggy

Peggy

Un bébé toute seule, une confiance à bâtir

Suite à une ménopause précoce à l'âge de 38 ans, Peggy ressent l'urgence de concevoir un enfant avant qu'il ne soit trop tard. Elle décide de faire un bébé seule et entre dans un chemin de procréation médicalement assistée via un don d'embryon à l'étranger. C'est à la naissance de sa fille Apolline qu'elle me consulte pour apprendre à mieux comprendre son bébé.

Je me souviens du premier regard que j'ai posé sur Peggy. Je venais d'animer une conférence sur l'accouchement et l'organisatrice m'a menée vers elle. Elle était assise sur un tabouret haut et portait son tout petit bébé dans les bras. D'elle, émanait la fragilité d'une maman, empressée de bien faire, mais parcourue par l'idée que ce nouveau costume était mal ajusté pour elle. Elle semblait désemparée et un peu perdue.

Je l'ai retrouvée chez elle quelques jours plus tard, en compagnie d'Apolline, qui avait alors 3 mois, et de son vieux chien. Ce dernier ne la quittait jamais et elle avoue qu'il était jusqu'alors « *son premier bébé* ». Les consultations ont défilé, au gré de ses larmes, de ses doutes, mais aussi de sa joie et de son « *amour absolu* », pour sa fille. Elle m'expliquait alors qu'elle souhaitait « *avoir une lecture de son bébé, une bonne compréhension de ce petit être, des codes et des repères par souci de bien faire* ». Elle voulait aussi « *l'éduquer en conscience, prendre de la distance par rapport à ses cris, sans perdre le contact avec son instinct qu'elle avait appris à écouter* ».

« Je n'avais pas de désir profond d'être maman. »

Peggy est une jeune maman, presque incrédule face au nouveau bonheur qui est le sien. Elle a défié les codes et la nature, a cru ne jamais parvenir à devenir mère et peinait à y croire. À 38 ans, lors d'une visite chez le gynécologue, le diagnostic tombe : elle ne pourra pas avoir d'enfant naturellement et devra passer par des dons de gamètes ou d'embryons le plus rapidement possible pour assouvir son désir de maternité. « *Je suis portée par la certitude que la PMA solo est la bonne et juste décision. Je vais me préparer comme une sportive. Je suis déterminée* », m'expliquait-elle alors à l'un de nos rendez-vous. « *Je n'avais pas de profond désir d'être maman et je n'étais d'ailleurs pas très intéressée par les enfants des autres. C'est le diagnostic de ma ménopause précoce qui a provoqué mon désir et il est alors devenu urgent : il a rempli tout mon corps en termes d'amour. C'était profond, une évidence.* »

Le chemin jusqu'à sa grossesse a duré deux ans, puis elle a dû affronter quelques obstacles qui l'ont fragilisée dans son rôle de future maman. D'abord, la PMA, qui n'était pas un sujet avant d'y être confrontée, et qui est devenu un parcours initiatique pour elle. « *Une force de l'univers, une force céleste, un cheminement qui dépasse le fait que je sois cartésienne.* »

Puis, la réduction embryonnaire pour avoir plus de chance que sa grossesse arrive à terme, car la première échographie a révélé qu'elle portait non pas un, mais trois bébés. Elle l'a vécue avec une douleur atroce : « *c'est une souffrance inimaginable, indicible. C'étaient mes bébés, je les ai bercés dans mon cœur tous les trois* », me confiait-elle avec beaucoup d'émotion, comme si son cœur avait été entièrement déchiré. À cette épreuve se sont ajoutés de nombreux saignements et douleurs pendant neuf mois qui l'ont angoissée et l'ont contrainte à l'alitement et au repos.

La difficulté à réaliser

Une fois sa fille venue au monde, Peggy a du mal à y croire. Elle a peur que son bébé disparaisse d'une manière ou d'une autre et redoute d'être « punie » d'avoir fait ce bébé seule. Elle répète régulièrement lors de nos consultations : « *c'est trop beau pour être vrai, pour durer* ».

Je retrouve souvent chez mes patientes en parcours de PMA (et chez les couples), une grande difficulté à se réaliser mère (et père) une fois le bébé né. Face au diagnostic d'infertilité, au deuil de la conception naturelle, aux échecs de tentatives répétées et aux longues années d'attente, il est parfois difficile de garder espoir et de s'imaginer un jour parent. Une fois le bébé né, un temps est nécessaire pour réaliser son existence, comprendre que les plans les plus sombres ont été déjoués et reconfigurer toute sa pensée.

Il est certain qu'imaginer chaque jour que son bonheur pouvait prendre fin a installé Peggy dans une grande insécurité, qui n'était pas sans lui rappeler celle ressentie lorsqu'elle était enfant. En effet, sa maman souffrait d'addiction et de dépression, ce qui la rendait parfois défaillante. Peggy a dû se construire avec un sens aigu des responsabilités et a été autonome rapidement, tout en veillant sur sa mère.

Mon accompagnement a alors consisté à intégrer Apolline à la réalité de ce monde et donc à son existence un peu plus chaque jour, en lui répétant que ce bébé serait sa fille pour toujours. En effet, la peur de la perte activait régulièrement chez elle celle de mal faire, alors qu'elle avait de bons réflexes et désirait poser un cadre rassurant pour sa fille. Je l'ai beaucoup encouragée en ce sens et ai mis en valeur le lien palpable qui les unissait déjà. Je sentais à quel point elles faisaient équipe depuis la conception d'Apolline et en cela résidait le terreau de leur histoire.

« La peur de ne pas avoir d'enfant et l'épreuve de la PMA m'ont aidée à tout surpasser, même les nuits sans sommeil et ma solitude la première année de vie d'Apolline. Je mesure la chance de l'avoir aujourd'hui. Elle est là et ça dépasse tout. »

Déculpabiliser la maman solo

« J'avais besoin d'apaiser ma culpabilité d'avoir eu recours à cette technique-là pour avoir un bébé et les conséquences futures sur sa vie. Pour moi, c'était un choix égoïste : j'ai envie d'un enfant, je décide donc d'en faire un. Malgré mes freins (le manque de ressemblance, une génétique inconnue, le risque qu'il m'en veuille), je ne pouvais pas ne pas avoir d'enfant. Mon désir et cette force de vie presque animale surpassaient ma raison et mes questions. »

La culpabilité colle à la peau de nombreuses futures mamans solos. Qu'elles aient décidé de concevoir un bébé seules grâce à la PMA ou non, ou qu'elles se soient retrouvées célibataires d'une manière ou d'une autre pendant la grossesse. Sortir du cadre familial et du schéma sociétal habituel active la culpabilité ! La ressentir est toujours douloureux, coûteux et énergivore. Elle peut priver de la liberté de penser et d'agir. J'encourage donc toujours mes patientes à se reconnecter à leurs envies et besoins afin de les garder au plus près. Assumer ses choix, ses décisions et ses ressentis permet, petit à petit, de se détacher de cette culpabilité envahissante.

Pour Peggy, s'arroger le droit de donner la vie à un enfant conçu par sa seule volonté paraissait moins légitime et puissant que celui d'un couple uni par l'amour. Alors que dans la réalité de sa chair, ce besoin était ressenti avec force et sincérité et méritait d'être entendu.

Peggy y est arrivée au fil des mois, des années. *« Le plus difficile était d'assumer qu'Apolline n'aurait pas de papa et ce que cela impliquerait en termes de manque. Décider pour elle était très différent de décider pour moi-même. J'ai écouté des témoignages d'enfants ainsi conçus et heureux. Il existe plusieurs schémas pour devenir parent et chaque enfant, famille ou couple connaît des difficultés (je suis moi-même enfant de parents divorcés et mon papa m'a beaucoup manqué), on a tous un héritage et pour elle, ce sera celui-ci. »*

Se sécuriser en tant que mère

Peggy a donc mis du temps à se sentir confiante en tant que mère. Elle se retrouvait aussi face à sa propre histoire, à sa propre mère qui n'avait pas toujours été là pour elle. Allait-elle inconsciemment répéter ce schéma ? Cette interrogation supplémentaire l'envahissait régulièrement et lui demandait de se rassurer elle-même. *« Devenir maman s'apprend, cet enseignement est un vrai besoin, ça pourrait être une matière à l'école ! »* m'a-t-elle lancé lors d'une consultation.

Finalement, Apolline était la plus belle preuve de la maman rassurante et sécurisante qu'elle devenait.

Je lui ai souvent dit qu'elle était une bonne maman car elle avait déjà à cœur de bien faire. Ce qui n'est pas toujours si évident, naturel, animal et instinctif ! Elle portait beaucoup d'attention, de soins et d'amour à sa fille qui s'épanouissait un peu plus chaque jour sous ses yeux. Finalement, Apolline était la plus belle preuve de la maman rassurante et sécurisante qu'elle devenait. Qu'y avait-il de plus concret et validant ses capacités à être une « bonne » mère que son bébé souriant, interagissant avec joie et suivant son regard ? Je lui proposais alors de se renforcer dans son nouveau rôle en regardant simplement Apolline vivre, manger, dormir, s'ouvrir à sa famille…

Mieux vivre les séparations

Chaque séparation (longue ou courte comme une sieste) était vécue comme un calvaire pour Peggy, et ce n'est d'ailleurs aujourd'hui toujours pas si simple. Je me souviens de certains tests effectués en direct lors de quelques consultations en lui proposant de laisser Apolline babiller, chantonner, décompresser, expérimenter seule dans son lit sans qu'elle intervienne trop vite. Et… Apolline s'endormait alors que nous parlions dans le salon, assises sur son canapé blanc et surveillées par son chien. Ces séparations entraient en résonance avec le fait de devoir tout assumer seule. Elle était devenue TOUT pour sa fille, portait le rôle toute seule et donc imaginait sa fille perdue sans elle, comme abandonnée.

Par conséquent, elle l'emmenait avec elle partout, mais craignait de la dérégler ou de la déranger dans son sommeil et ses habitudes, ce qui la chagrinait beaucoup.

Je lui ai conseillé de trouver une personne sécurisante à qui confier son bébé en vue de sa reprise du travail, de quelques sorties ou activités sportives (Peggy monte souvent à cheval). Elle a trouvé une femme qui répondait à ses exigences et nous avons continué notre travail.

Je lui expliquais que si elle arrivait à accorder sa confiance à cette nounou, sa fille passerait de bons moments, car elle sentirait sa maman apaisée au moment de la quitter. Je l'ai aussi encouragée à visualiser sa fille, heureuse et épanouie, en son absence, chanceuse de pouvoir s'enrichir d'autres propositions que celles de sa maman.

Je lui ai dit qu'elle pouvait maintenant essayer d'envisager la séparation avec sa fille autrement : elle ne laissait plus sa fille, mais elle la confiait. Les mots avaient tout leur poids.

Un bébé apprend à s'adapter au monde qui l'entoure et aime découvrir de nouvelles personnes. Il a même une capacité d'adaptation supérieure à celle d'un adulte ! À condition, bien sûr, d'être en sécurité affective.

Quelques mois plus tard, Apolline est entrée dans une crèche très respectueuse de l'individualité de chaque enfant, après une longue période d'adaptation, ce qui a contribué à la sécurité intérieure de Peggy, qui a alors repris le travail. Non sans une certaine culpabilité, encore, mais qu'elle s'évertue à apaiser. Et petit à petit, Peggy a pris ses marques, Apolline aussi, et elles ont construit, à elles deux, « *les fondations de leur maison* ».

Mais le destin a finalement été tout autre pour Peggy et son bébé, une année et quelques mois plus tard. Lorsqu'elle a commencé son parcours de PMA, Peggy vivait une histoire d'amour avec un homme, Éric, qu'elle voyait souvent. Lui avait déjà deux grandes filles et ne désirait plus être père. Tout était très clair entre eux. Il souhaitait néanmoins la soutenir dans son parcours et l'accompagnait par amour aux rendez-vous médicaux importants. Lorsqu'Apolline est née, Éric est venu régulièrement leur rendre visite, jusqu'au jour où, aux 18 mois d'Apolline, ils se sont installés tous ensemble. Apolline l'a naturellement appelé « papa » et il a finalement accepté son nouveau rôle avec amour. *« Éric a été rattrapé par la force de vie de mon bébé, c'est sa fille à 200 %. Elle adore son papa, qu'elle a finalement toujours connu »*, m'expliquait-elle avec beaucoup de gratitude et de recul face à son nouveau bonheur inespéré.

Conseils

Les clés pour vous apaiser

Pour mieux vivre la séparation :

— **Acceptez vos émotions** : il s'agit de la première étape vers votre mieux-être. Une émotion reconnue peut plus facilement se libérer qu'une émotion refoulée qui reviendra comme un boomerang à la prochaine situation similaire. Vous avez le droit de ressentir des émotions difficiles, autorisez-vous à les vivre et à les laisser circuler à travers vous.

— **Regardez la situation de haut** : « dézoomer » une situation est une méthode utilisée en programmation neurolinguistique pour reformater les pensées du cerveau. Prenez de la hauteur en visualisant la situation de manière positive et pensez aux retrouvailles avec votre enfant. Votre cerveau se chargera d'enregistrer les nouvelles données pour vous. Proposez-lui régulièrement cette gymnastique afin qu'il l'intègre pour de bon.

— **Réalisez que votre enfant s'amuse sans vous et s'enrichit des autres** : un bébé a besoin fondamentalement de relations familiales et sociales pour se construire et s'épanouir. Il a une figure d'attachement principale et quelques figures d'attachement secondaires, essentielles à son équilibre. C'est au contact des autres adultes qui le prennent en charge qu'il évolue également. Souvenez-vous-en au moment d'une séparation, cela peut vous être bénéfique comme à lui.

Pour bien réaliser que ce bébé est le vôtre :

— **Passez du temps à le câliner, le toucher, le masser et le porter** : le contact du peau à peau est aussi très efficace, car il libère une hormone de l'attachement, appelée l'ocytocine, qui favorise le lien mère-enfant, la détente et la confiance en soi.

Pour vous sécuriser en tant que « bonne mère » :

— **Regardez vivre votre bébé** : un bébé en bonne santé physique et psychique interagit avec vous et les autres, sourit, vous regarde dans les yeux.

« Il ne suffit pas de vouloir
aller mieux pour aller mieux,
nous ne sommes pas des surmamans,
on ne peut pas tout porter.
Accepter de demander de l'aide
n'est pas un aveu de faiblesse,
cela demande au contraire
beaucoup de force. Ne culpabilisez pas
et ne laissez pas traîner.
C'est être une bonne maman
que de se faire aider pour être mieux
avec ses enfants. »

Marion

Marion

Créer un lien entre soi et son bébé

Maman de deux enfants, Marion, 34 ans, a vécu deux expériences de maternité opposées. Pour la première, un accouchement mal vécu l'embarque dans une dépression du post-partum et un lien distendu avec son bébé. Mais grâce à un travail personnel et au courage qu'elle a déployé pour aller à la rencontre d'elle-même, l'arrivée de son deuxième enfant a été un pur bonheur.

Cela n'a pas été simple d'arriver jusqu'à Marion. Cette patiente m'avait sollicitée par mail et suite à ma réponse, je n'avais plus eu de nouvelles. J'avais alors repris contact avec elle quelques semaines plus tard et cela avait été cette fois-ci le bon moment.

Un accouchement traumatique

Marion ne rêvait pas d'être maman, et pourtant c'est bien en le devenant qu'elle s'est révélée à elle-même, en accueillant d'abord Louis, bientôt 3 ans. Elle qui pensait « *douceur et amour* » a découvert une tout autre facette de la maternité. Mais de nombreux facteurs ont desservi ses représentations. D'abord, la décision médicale de programmer et déclencher l'accouchement, sur une indication de présentation par le siège à terme, qui a eu pour effet de la « *déconnecter* » de son corps et de ses émotions. Souvent, les mamans qui sont privées de la magie du départ inopiné pour la maternité, des premières contractions surprises, ou d'une rupture de la poche des eaux pendant un trajet en voiture, expriment une grande frustration, une culpabilité latente et une sorte d'impuissance. Elles se sentent privées de ce premier temps de l'accouchement, et ceci peut être marquant. Marion l'atteste : « *j'ai vécu mon accouchement comme une contrainte et non comme un moment à vivre* ». D'autant plus qu'elle ne s'est pas sentie actrice des événements. En effet, la péridurale a été très vite posée, elle n'a pas souffert et a eu l'impression de ne pas avoir participé à son accouchement. Selon moi, la souffrance physique a la vertu de garder une future maman en lien avec la force du moment et avec son bébé, alors même que l'accouchement est parfois vécu comme une première rupture éprouvante. Accompagner chaque contraction en la ressentant rend la maman très active, sensible aux encouragements de l'équipe, du coparent : elle est ainsi valorisée dans son nouveau statut.

Un lien mis à l'épreuve

S'ensuivent un séjour à la maternité sans grande révélation et un retour à la maison qui marque le début de ses angoisses. Rien ne parvenait à apaiser Marion, à étancher sa douleur au niveau de l'épisiotomie et à calmer Louis qui souffrait de reflux gastro-œsophagien, tétait mal, dormait peu et présentait une tête légèrement plate, ce qui affolait sa maman. Malgré le soutien de Dimitri, son mari, son « *pilier* », ses parents, sa belle-sœur, ses amies, de leurs mots : « *Regarde, ton bébé te suit du regard !* », « *Ta douleur va passer.* », « *Vous vous occupez bien de lui.* », Marion se sentait « *en mode pilote automatique, triste, pas encore maman et je sombrais un peu plus chaque jour* ». Elle a d'abord eu le ressort de consulter une psychologue, laquelle l'a envoyée chez un psychiatre, qui a posé le diagnostic de dépression du post-partum, que ma patiente compare à un tsunami. Marion a alors été mise sous antidépresseurs. Louis avait 8 mois, c'est dans ce contexte que je l'ai rencontrée.

« *J'avais peur de perdre le lien avec mon bébé, j'étais triste et angoissée.* »

La première consultation a eu lieu par téléphone. J'étais en voiture, mais garée à cause d'un rendez-vous qui s'était éternisé. Je me sentais confuse. Pour une première fois, j'avais peur que la situation manque de sérieux et de professionnalisme. Marion était chez ses parents pour se reposer, bénéficier de leur présence et reprendre quelques forces. Je l'ai sentie un peu méfiante. Elle avait besoin d'exprimer ses difficultés autour du sommeil de Louis, de l'allaitement maternel compliqué, mais surtout de ses émotions : « *j'avais peur de perdre le lien avec mon bébé, j'étais triste et angoissée* ». Il est presque honteux pour les jeunes mères d'exprimer des difficultés à se lier à leur bébé, alors qu'il est pourtant légitime de les ressentir plus ou moins intensément. Je prends toujours le temps de leur expliquer que ce sentiment est normal et qu'il est nécessaire d'essorer toutes leurs pensées et leurs émotions auprès de professionnels afin de mieux les accueillir.

Marion me confiait aussi avoir tendance à se mettre en retrait par rapport à sa maman, qu'elle trouvait parfois trop envahissante – en pensant bien faire – et exclusive avec son petit-fils, par exemple en disant « *mon bébé* ». Ma patiente flirtait avec une notion de compétition avec sa maman, tant elle avait peur que cette dernière fasse mieux qu'elle auprès de Louis et qu'il l'aime plus qu'elle. La question de la place de Marion en tant que maman et sa sécurité dans ce rôle l'interrogeaient, étaient centrales et devaient être rassurées lors des consultations.

À la rencontre de son bébé

C'est ce travail sur son rôle de mère que j'ai entrepris avec Marion pendant cinq mois : plus elle comprenait ce qu'elle ressentait, plus elle avançait et se rapprochait de Louis. Je lui conseillais souvent de passer du temps de plaisir avec son bébé (câlins, portage, peau à peau, massages, jeux...) et de laisser à Dimitri et à sa famille, très présente, ce qui pouvait paraître plus contraignant ou fatigant (le bain, le change, les biberons), le temps de mieux rencontrer son fils. Il faut parfois plus de temps pour aller à la rencontre de son enfant. Se l'accorder, sans pression, est essentiel.

En retissant un lien vers elle-même,
Marion a pu aller vers son bébé.

Il est aussi indispensable de garder du temps pour soi-même et de répondre à ses besoins les plus primaires, comme manger, se laver ou se relaxer. Marion dit qu'elle a « *trouvé Louis sur le pont qui les séparait* » alors qu'ils souffraient tous les deux physiquement : l'une au niveau du périnée, l'autre au niveau de son système digestif. D'ailleurs, le jour où j'ai établi un lien entre la douleur incessante de son épisiotomie et la souffrance psychique qu'elle subissait – la première étant le témoin de la seconde et un enseignement sur elle-même – Marion s'est sentie soulagée. En fait, son corps s'autorisait à dire ce que sa tête souhaitait taire tant elle se sentait coupable de ne pas pouvoir faire mieux et plus pour Louis. Cette étape, complétée par une séance de kinésiologie avec une professionnelle, a été capitale pour elle. Marion a pu réharmoniser son corps et son esprit : « *je me suis reconnectée à moi-même, à mes besoins* ». Cette unité lui a alors permis d'avoir mieux accès à Louis et à son amour pour lui. En retissant un lien vers elle-même, Marion a pu aller vers son bébé.

Construire sa confiance de maman

J'encourageais beaucoup Marion à ne plus se perdre. J'ai été, dit-elle, son GPS et je l'ai vue devenir maman sous mes yeux, en mesurant à chaque consultation le chemin parcouru grâce aux mots qu'elle employait pour parler d'elle et de son fils. Grâce aussi à cette confiance qui naissait en elle et qu'elle vouait à cette nouvelle dyade qu'ils formaient, au rythme de ce qu'elle mettait en place et au rôle qu'elle acceptait désormais de tenir auprès de lui. *« Notre chemin m'a aidée à devenir la maman de Louis, à prendre ma place, à tisser le lien, à prendre confiance. »* Je me souviens lui avoir dit que Louis savait qui était sa maman et que c'était elle et personne d'autre. Pour lui, elle était parfaite, ils avaient besoin l'un de l'autre, ils se sont accordés. Elle a ajouté *« vous m'avez regardée comme une bonne maman »*. Oui, c'est vrai, une bonne maman pour lui ! À sa place !

L'accompagnement a pris fin lorsque Louis a eu 13 mois. Marion était *« relancée »*, en pensant à son lien avec son fils comme à *« un cercle, un cocon qui l'enveloppe et l'apaise »*. On espérait bien se revoir pour un second bébé qu'elle évoquait déjà ! Nous sommes restées en contact grâce à quelques messages et photos, ce qui me faisait plaisir.

Défier les mémoires d'angoisse à l'arrivée du deuxième

Un jour, elle a demandé un rendez-vous alors qu'elle était enceinte de sept mois de son second bébé, une fille. Marion souhaitait se préparer à l'accouchement, car elle ressentait parfois quelques angoisses qu'elle souhaitait *« ne pas laisser traîner »*.

J'ai alors retrouvé Marion, par vidéo, pimpante, ses longs cheveux bruns détachés et son rouge à lèvres soulignant son magnifique sourire. Tous les quinze jours, je faisais un point avec elle et la trouvais confiante et bien plus prête et sereine à accueillir sa fille qu'elle ne le pensait. Toutefois, Marion avait peur d'avoir mal au niveau du périnée tout autant qu'elle avait besoin de ressentir la douleur des contractions pour vivre pleinement son accouchement cette fois. La tâche était ardue, mais je m'y suis attelée avec une maman plus que parée pour déjouer ses craintes.

En ce qui concerne son périnée, j'ai privilégié les sens de la vue (avec un miroir) puis du toucher (sous la douche) afin de réapproprier cette zone à son corps. Marion a fait quelques pas timides qui lui auront toutefois permis de constater que l'image qu'elle s'en faisait n'était pas en rapport avec la réalité, bien moins âpre. Pour les contractions, puisqu'elle souhaitait les ressentir pour redevenir mère et pour accompagner sa fille vers notre monde, je lui disais que « *chaque contraction la rapprocherait de son bébé* ». Tel un guide, dont elle était capable, comme chaque femme, de supporter la force et la puissance.

À l'occasion de cette seconde grossesse résonne aussi la déconnexion violente de son corps et de son esprit qu'elle avait vécue lors de la naissance de Louis. Le message principal que j'ai souhaité lui faire passer est qu'un accouchement pouvait être perçu comme une continuité et non comme une fin ou une rupture. Je pense que ce mot « continuité » peut apaiser de nombreuses mamans face à l'accouchement. La naissance est la suite logique, nécessaire, obligatoire et même voulue de la grossesse pour enfin rencontrer son bébé. Lorsque Marion évoque l'image du pont pour symboliser sa relation avec son fils, je l'invite aussi à se représenter ainsi l'accouchement, ou comme une route qui conduit chacune à son enfant. Marion a d'ailleurs été très sensible à ces images : « *j'allais vivre ce chemin jusqu'à la naissance de ma fille et la rencontrer au bout de celui-ci* ». J'ai senti que penser l'événement ainsi la sécurisait énormément, à tel point qu'elle est parvenue à s'écouter jusqu'au bout.

Rester centrée sur ses besoins et sur son instinct

Marion habitait loin de la clinique qu'elle avait choisie avec grand soin sur les précieux conseils de ses amies. Pour lui éviter un accouchement à domicile – elle avait accouché très rapidement la première fois – l'équipe médicale lui a proposé un déclenchement juste avant son terme, qu'elle a accepté alors qu'elle rêvait cette fois de laisser faire la nature. Je l'ai vue en séance après cette décision, elle pleurait beaucoup et ne se sentait pas en accord avec ce futur accouchement, perception que je partageais. Je n'ai pour autant pas remis en question son choix pour lui éviter d'être un peu plus chamboulée. Elle avait besoin avant tout de réassurance et je lui ai montré la possibilité de vivre une douce rencontre malgré le déclenchement. J'étais embêtée pour elle et le lendemain, j'ai reçu ce message : « *Bonjour, Barbara, j'ai finalement annulé mon rendez-vous de ce jour à la maternité, car je me suis écoutée ! Tout mon corps disait non, je ne faisais que pleurer. Ça ne m'allait pas en fait, en tout cas pas pour cette raison de trajet trop long. Je me rapproche de la maternité en allant m'installer chez mon père.* » Elle décidait donc de poursuivre sa route, en se reliant à son instinct ! Que de détermination et de confiance ! Je me suis sentie soulagée à la lecture de ce message et je lui ai répondu : « *Je pensais à vous et votre décision est la bonne. Je ne voulais pas vous bousculer hier, mais je sentais bien que cette option n'était pas juste pour vous. Vous avez pris le parti de vous faire confiance et j'en suis très heureuse pour vous. Bravo !* »

Et comme elle a bien fait ! Marion a donné naissance à Jeanne quelques jours plus tard, sans péridurale, sans vraiment le décider, mais en se laissant porter, la douleur étant pour elle le fil conducteur vers sa fille : « *j'ai encore du mal à réaliser que j'ai réussi, c'était un vrai travail d'équipe avec Dimitri, c'était magique, j'aimerais le revivre* ». Je n'oublierai jamais la photo qui accompagnait ce petit mot, reçu à 1 h 47 du matin. Jeanne était endormie sur sa maman en salle de naissance et Marion irradiait de mille feux, son regard était lumineux et victorieux.

Son accouchement et sa préparation émotionnelle ont impacté tout son post-partum, qui a glissé comme sur un océan de confiance et de force. Le lien avec son deuxième bébé paisible a été facile à construire, son allaitement épanouissant, les nuits simples, sa maternité apaisée, car dit-elle : « *Jeanne bénéficie aussi du travail que j'ai fait pour Louis et d'ailleurs, je me sens encore meilleure maman pour lui* ».

J'ai revu Marion en consultation pour l'écouter me raconter son bonheur et tous ses espoirs d'avenir. Mais aussi pour laisser couler ses larmes à l'idée de reprendre le travail, de sevrer Jeanne, de quitter sa bulle d'harmonie et de « *laisser* » son bébé, en ayant l'impression d'avoir changé de camp pour rejoindre celui des mamans koala. « *C'est fou que je sois devenue cette maman-là, c'est un effet boomerang !* » Quelle histoire, quel chemin, que je suis honorée d'avoir partagés avec Marion qui m'a témoigné une confiance inaltérable et touchante ! Belle route à vous quatre !

Conseils

Pour créer du lien avec votre bébé

— **Prenez le temps de passer de bons moments avec lui** : jouez, riez, câlinez, gazouillez, bercez... Acceptez que le lien puisse se bâtir sur un temps plus ou moins long selon chaque maman. Il n'y a aucune règle qui vous oblige à vous sentir en totale osmose avec lui à la seconde où il naît.

— **Reconnectez-vous** : pour construire des liens positifs avec les autres, vous avez besoin d'un certain équilibre intérieur. Or, la maternité bouscule et peut créer un fossé avec la femme que vous étiez. Il est essentiel de vous reconnecter à vous-mêmes en prenant soin de vous écouter et de vous faire du bien pour aller plus facilement à la rencontre de votre bébé.

— **N'idéalisez pas la rencontre parfaite** : malgré tout ce que vous avez pu lire ou voir dans les médias ou les films, la maman parfaite qui sourit 24 heures sur 24 à son bébé n'est pas l'unique modèle. Vous avez le droit d'avoir des hauts et des bas et tous les jours ne sont pas forcément merveilleux ni faciles. Faites du mieux que vous pouvez, c'est déjà la plus belle preuve d'amour pour votre enfant.

*« N'ayez pas peur de revenir
sur votre histoire et vos émotions.
C'est important de se connaître,
de se comprendre et de déceler
ses schémas de pensées
pour la maman que l'on sera. »*

Sophie

Sophie

Faire la paix avec son corps face à l'infertilité

Après un diagnostic d'infertilité, Sophie, 32 ans, se lance dans un parcours de procréation médicalement assistée avec son mari. Deux ans et de nombreux échecs de conception plus tard, elle veut mettre fin à la guerre qu'elle avait inconsciemment déclarée à son corps.

C'est une grande femme blonde aux yeux clairs avec un regard aussi profond que triste. Elle est là, assise sur une des chaises de mon cabinet et pleure. Elle pleure de ne pas porter de bébé, de ne pas connaître le bonheur d'être mère, d'être entrée dans un parcours de PMA après un bilan de fertilité mitigé (cycles longs, ovulation tardive, ovaires polykystiques et spermogramme moyen) concluant à une infertilité inexpliquée deux ans auparavant et d'en être bouleversée. Sophie est mariée avec Jean, un *« homme extraordinaire »*. Elle est cheffe de projet informatique passionnée par l'immobilier et par la Bourse et a même un compte Instagram sur ces sujets qui connaît un petit succès. Bref, la vie – la sienne, la leur – lui souriait jusqu'à ce qu'elle tombe enceinte naturellement puis perde son bébé et sa vision « *idéalisée et magique* » qu'elle se faisait de la maternité.

Au deuil consécutif à cette épreuve s'est ajoutée la tristesse de l'échec de sa première tentative de fécondation in vitro. C'est pour cette raison qu'elle est venue vers moi. Elle me paraissait incrédule, presque déboussolée, désemparée d'être parcourue par tant de souffrance et de se retrouver face à moi, consultante en périnatalité. Dans sa vie, Sophie avait tout prévu, mais pas ce marasme et encore moins la vague qu'il allait soulever en elle. « *Je ne m'étais pas du tout imaginé ce long parcours – du combattant, comme il est nommé – pour concevoir un bébé, la PMA n'était pas pour moi, je ne m'y associais pas, ça n'allait pas avec moi, car j'étais persuadée que ça marcherait facilement, comme on me l'avait rabâché depuis mon adolescence.* » En fait, les piqûres, les échos, les ponctions et transferts n'allaient tellement pas avec sa vision d'elle et de son chemin de vie qu'elle a remis l'histoire de « *cet assemblage hormonal* » entre les mains de sa gynécologue et du service de PMA. Peu investie dans cette première tentative qui a tout de même permis de congeler cinq embryons, Sophie demeurait sous le choc du résultat négatif, ne comprenant pas pourquoi cela n'avait pas fonctionné, alors que cette technique de conception lui paraissait « *simple et mécanique* ». Il m'a fallu rapidement l'amener vers une voie qui lui permettrait d'accepter que non seulement la PMA était son alliée pour faire un bébé (mais que tout ne résidait pas dans les seules compétences et prescriptions médicales), et qu'elle disposait d'une équipe solide, composée de son couple et des médecins.

Se reconnecter à son propre corps

Pour ce faire, je l'ai d'abord invitée à se reconnecter à son ventre. Lieu de douleurs intenses, de tensions et de nombreuses opérations chirurgicales dans son enfance, son ventre vivait à côté d'elle, mais pas en elle : « *il ne faisait pas partie de moi, je le voyais à part* ». Tant et si bien que j'ai compris qu'elle se projetait mère, mais pas future mère. Son ventre n'existant plus, n'étant pas investi, il lui était impossible d'envisager de porter un bébé puis de lui donner la vie. Oui, elle désirait un bébé, mais ensemble, nous avons compris qu'elle ne se voyait pas être enceinte et encore moins être enceinte tout en travaillant. Oui, en travaillant, car Sophie pensait carrière et maternité incompatibles tant l'image de sa maman, mère au foyer, – elle-même en prise avec sa propre histoire – venait troubler ses croyances. À tel point que croiser une future maman sur son lieu de travail l'interloquait. Alors ensemble nous avons rendu ce qui appartenait à chacune et Sophie a provoqué un échange sincère et profond avec sa mère, sur ses choix et son vécu. Ainsi, elle s'est sentie libérée de son histoire et autorisée, en quelque sorte, à mener carrière, grossesse et maternité de front.

« Mon ventre ne faisait pas partie de moi, je le voyais à part. »

Comme vous l'avez compris, Sophie était coupée en deux, privée d'une partie d'elle-même, de cette partie du corps qui est le symbole le plus puissant de la grossesse. La notion d'unité corporelle s'est dessinée au fil des séances grâce à cette prise de conscience et à quelques exercices comme toucher son ventre, le laisser toucher, le masser, s'imaginer, se rêver enceinte, avec un vrai, gros ventre, à le réintégrer à elle-même, comme une terre d'accueil et un ami pour elle et son futur bébé. « *Ces consultations étaient très intenses, elles ont bousculé mes barrières et ont eu un impact positif sur ma manière de voir mon corps* », m'a-t-elle avoué par la suite.

Elle a également suivi mon conseil en rencontrant une kinésiologue (je travaille toujours avec la même praticienne, un trésor) qui a complété par le toucher ce qui avait été enclenché, débloqué grâce à la parole. Sophie a tout appliqué à la lettre, mais sans se forcer, en laissant venir à elle ses gestes, ses pensées, ses visualisations, en se laissant aller et je l'ai vue avancer très rapidement. On se l'est même dit un jour, avec une douce connivence. En invitant son ventre chez elle, Sophie s'est redécouverte et a renforcé sa confiance en elle : « *mon corps m'appartient désormais tout entier* ».

S'autoriser à vivre ses émotions

Ses émotions avaient comme élu domicile ailleurs qu'en elle, « *je ne pensais pas du tout à la partie émotionnelle de la PMA* », comme si cela faisait trop à gérer, à vivre, à subir, à supporter et à endurer. Alors, ensemble, nous les avons explorées et apaisées afin que Sophie se présente complète, alignée et investie à la prochaine tentative de transfert d'embryon congelé.

D'abord, Sophie ne savait « *pas quoi faire de sa tristesse profonde* », pleurait beaucoup et était déstabilisée de la ressentir, comme si c'était anormal, imprévu, inconvenant, hors code ou illégitime. Son mari était démuni face à leur première épreuve de couple et à sa femme, si « anormalement » impactée par rapport à la force qui se dégage habituellement d'elle. Sophie se sentait finalement assez seule et perdue. Je lui ai donné le droit simple et presque pur de vivre ce temps de déception, de désespoir, d'abattement post-tentative, par lequel chacune des femmes, moi la première, passe et repasse quand une seule et unique barre bleue apparaît sur un bâton blanc. Je lui ai dit de prendre le temps de pleurer, de se remettre, de clore ce chapitre pour en écrire un autre plus tard, quand elle voudra ou pourra, d'exprimer qu'elle souffrait, comment elle souffrait et pourquoi, et de reconnaître que pleurer lui permettait d'essorer sa peine aussi réelle qu'inattendue.

Ainsi, elle a été autorisée à traverser ce tunnel et à partager son vécu avec Jean qui a entendu le rôle phare qu'il avait à conserver, en étant « *présent, aux petits soins et à l'écoute* » sans pour autant nier ses propres émotions de mari. Ils ont d'ailleurs pris l'habitude, ensemble, de faire un point précis sur ce qu'occasionne, en eux, cette épreuve contraignante de patience. « *En racontant nos consultations à mon mari, on s'offre un espace neutre et de sécurité, où l'on partage nos ressentis avec recul et fluidité. On se comprend mieux,* » m'explique-t-elle.

La PMA a beaucoup « d'amies » en plus de la tristesse et Sophie les a toutes fréquentées, comme plusieurs autres femmes et couples confrontés à cette croisade. La culpabilité en tête, celle qui se penche sur l'impossibilité à faire un bébé, seuls, sous l'intimité d'une couette « comme tout le monde ». Celle qui chez Sophie est venue lui dire qu'elle était fautive et responsable, car elle était trop tendue au travail et dans son ventre à cause de ses antécédents chirurgicaux. Tout l'accusait, comme s'il fallait trouver un coupable à l'infertilité. À l'inverse, j'ai coutume d'expliquer que c'est bel et bien le couple qui est au cœur du dispositif, que c'est le couple qui est accompagné et pris en charge pour aller chercher, ensemble, un bébé, qu'il est difficile de créer tout seul. Ainsi aucun coupable n'est pointé, le projet est porté à deux et soutenu par les différents médecins et centres de PMA. Encore et toujours un travail d'équipe !

Cette culpabilité nocive flirte souvent avec un sentiment d'injustice collant et presque obligatoire. Pourquoi eux et pas nous ? C'est presque impensable de ne pas réussir à réaliser ce que chaque couple parvient à obtenir depuis la nuit des temps. Sophie s'est dit : « *l'univers est contre moi, ne veut pas que ça m'arrive* ». Une sorte de superstition se rattache à son constat : « *mon seuil de bonheur est atteint, je ne peux pas être plus heureuse* », comme si elle était punie d'être trop heureuse.

La fameuse croyance « c'était trop beau pour être vrai » est souvent forte chez mes patientes et mérite d'être démontée pour se donner le droit d'être parents et donc d'accueillir encore plus de bonheur et d'amour.

Avoir à lutter contre « l'univers » renforce aussi un sentiment d'impuissance accablant, d'autant plus marqué dans le cas de Sophie qui s'en remettait entièrement à la science pour avoir son bébé. Comme si plus rien ne résidait en elle ou en son simple et noble désir d'enfant. Si mettre dans une éprouvette un ovocyte et des spermatozoïdes, puis transférer un embryon ainsi créé dans son utérus ne lui amenait pas le bébé désiré, alors il n'y avait plus rien à faire. Elle ressentait même de la colère : « *c'est limite invraisemblable que ça ne marche pas quand on assemble tout, je ne suis pas capable de faire germer un embryon qu'on a mis tout fait en moi* ». Sophie se réduisait à un simple outil alors que c'était bien d'elle tout entière dont les professionnels de santé avaient besoin pour atteindre l'objectif final. Il est important ici de souligner que dans le cadre de la PMA, seule la conception est assistée et non pas la nidation, qui reste inexpliquée et miraculeuse, car personne ici-bas ne sait élucider le mystère de la vie. La nature, au moment de la nidation, reprend ses droits, le protocole médical s'efface et le couple rejoint tous les autres qui attendent un résultat positif, en s'armant d'espoir et d'optimisme, essentiels selon moi à la réalisation du rêve... Sa colère était en plus attisée par le fait que cela avait déjà marché une fois. Pourquoi était-elle tombée enceinte par le passé et pourquoi n'y arrivait-elle plus aujourd'hui ? Tant de questions, sans réponses, douloureuses, accompagnent et lestent chaque couple jugé « infertile ».

Comme si toutes ces émotions ne suffisaient pas, Sophie a eu à affronter la peur de voir son ventre au centre de toutes les manipulations et attentions, tant il avait déjà été le lit de douleurs. Sa priorité était de ne pas souffrir et donc de pouvoir se préparer aux prochains transferts d'embryons congelés.

Se respecter et se pardonner comme à une amie

Ma mission pouvait sembler vaste, mais c'était sans compter la détermination et la nouvelle confiance de Sophie. Il fallait l'apaiser, l'amener à ne plus poser un regard si tranché et sévère sur elle-même, à s'accepter vulnérable parfois, et à casser son image de femme forte quoiqu'il arrive. Finalement, à saisir ma main pour se faire aider et sortir ses émotions encombrantes et refoulées. Tout cela s'est fait sur plusieurs séances, en lui donnant la parole, en reformulant certains de ses propos, en allant toujours plus loin, en lui donnant le temps de s'imprégner de chaque consultation, pendant lesquelles elle écrit beaucoup. Il a fallu l'encourager à se porter plus d'empathie, comme elle le ferait pour une amie, à préférer la clairvoyance et le calme à la colère, et lui donner l'occasion d'aimer son « être » plus que son « faire ». Un jour, elle m'a rappelé que je lui avais dit « *on ne fait pas maman, on est maman* », elle en a fait son mantra qui, chaque jour la recolle à elle, tout entière avec un corps réassemblé, couplé à son cœur et à son esprit, pour qu'elle ne s'oublie plus jamais.

« Je me suis foutu la paix. »

Sophie imaginait que faire un bébé serait simple et finalement, tout est compliqué. Mais son travail de fond, son introspection inédite, « *je ne me suis jamais posé autant de questions sur moi-même* », lui ont permis de se sentir plus autonome dans ses émotions, plus libre de les ressentir et de s'imaginer enceinte puis maman, enfin rassemblée dans son corps, tel un puzzle. Elle a conclu : « *je me suis foutu la paix* ». Et son mari a noté qu'il n'avait plus à la porter et qu'il s'autorisait donc à son tour à dire, également, tout ce qu'il ressentait. Elle a surtout accepté d'avoir à en passer par là, par la PMA, pour devenir mère, car « *ce n'est plus un tabou* ». L'acceptation était la dernière étape de son deuil d'une conception naturelle.

Elle s'est alors présentée aux quatre transferts d'embryons congelés suivants, pleine de sa nouvelle unité, d'un espoir tout neuf et également d'un investissement sans faille. À chaque fois, elle y a cru, la seconde moins que les autres, car elle a été confrontée à deux deuils successifs, qui ont altéré sa foi en la vie. Elle a su, malgré cela, rester accrochée à son rêve d'enfanter. Certes, les larmes ont roulé, mais je l'ai enjointe à croire en ce petit embryon, à l'abri du tumulte extérieur, de croire en elle, en lui, en leur équipe et de rester connectée à ce qui se tramait, en silence, un silence assourdissant et vertigineux, au creux d'elle.

Cela n'aura pas suffi, car, quatre fois, les tests de grossesse se sont malheureusement révélés négatifs et Sophie a de nouveau été triste et déçue, mais cette fois-ci, pas bouleversée. Un peu agacée et impatiente lors de la dernière tentative, mais emplie de cette nouvelle certitude : « *je suis persuadée que ça va marcher* ».

Depuis, le diagnostic d'infertilité a été affiné : Sophie souffre d'une endométriose silencieuse, c'est-à-dire sans douleur, et elle vient d'être opérée (ablation d'une adénomyose). *« Je suis soulagée de savoir qu'un mot a été posé sur nos difficultés à concevoir. »* Pour la douceur et le réconfort, ils ont pris un chaton trop craquant, nommé Atlas. Aussi, la détermination de Sophie et la paix qu'elle a instaurée avec son corps lui auront offert des chances supplémentaires de devenir mère. Ce travail d'harmonisation de soi qu'elle a eu le courage de réaliser reste un cadeau précieux pour son avenir.

Est venue la consultation précédant le cinquième transfert d'embryon congelé. Là, je lui ai dit, avec force et conviction, d'y aller sans retenue, à fond, de tout son corps, de toute son âme, de tout son cœur, armée de tout son espoir et de sa légitimité à couver cette promesse de bébé. Sophie est alors tombée enceinte et j'ai pu m'en réjouir avec elle, le lendemain de Noël ! Quel cadeau, quelle joie partagée avec elle. Comme j'aime ces instants miraculeux ! Elle me confia alors : « *finalement, le lâcher-prise, c'était l'acceptation totale de notre parcours de PMA* ». En piste pour la suite de leur histoire... à trois désormais.

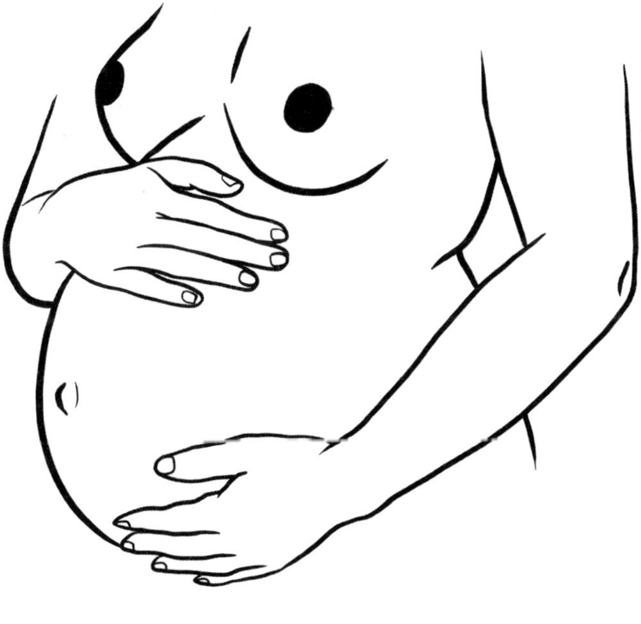

Conseils

Pour faire la paix avec votre corps face aux échecs de conception

— **Réapprenez à l'intégrer** : avec des massages, des méditations, des séances de relaxation et de visualisation positive.

— **Choisissez une activité qui vous plaît** : un sport ou un art qui ne vous demande pas de performance, mais plutôt d'être en harmonie avec votre corps.

— **Parlez-lui comme à un ami** : sachez lui pardonner lorsqu'il ne fait pas ce que vous attendez de lui.

— **Réalisez qu'il fait partie de votre « tout »** : c'est-à-dire qu'il est totalement relié à votre esprit, qu'il exprime donc des maux ou des « mots » dont vous n'avez pas encore conscience, mais que vous pouvez peut-être découvrir au cours d'un travail thérapeutique.

— **Comprenez que votre corps ne ment jamais** : il traduit vos états intérieurs, vos mémoires cellulaires, votre histoire, il vous envoie des signaux et des alertes pour que vous preniez davantage soin de lui et de vous. Voyez-le comme un compagnon de route qui fait du mieux qu'il peut.

« Être maman c'est comme manger !
Laissez-vous vivre, respirer
et ne vous posez pas de questions.
On ne devient pas maman
le jour où l'on accouche,
on le devient en même temps
que nos enfants grandissent. »

Alex

Alex

L'instinct d'une maman lionne

Lorsque la confiance maternelle est si puissante qu'elle dépasse toutes les épreuves de la vie, que l'instinct de maman est ressenti chaque seconde et que l'amour se déverse tout naturellement, il n'y a pas de plus beau lien que celui d'une mère et de son enfant.

J'ai choisi d'écrire cette histoire au moment où mon fils Théo quitte la maison pour poursuivre ses études dans une autre ville. Chaque étape de sa vie aiguise mon constat : je ne finirai jamais de devenir maman. Comme toutes les mères, d'ailleurs ! En effet, l'étudiant d'aujourd'hui n'a pas les mêmes attentes et réactions que le nouveau-né de 2004 ! Au rythme des rentrées scolaires, des anniversaires, des vacances, des acquisitions, des challenges et des velléités d'indépendance, il faut s'adapter, revoir les limites, en assouplir certaines, en ajouter d'autres, se contorsionner pour les accompagner et accepter enfin que nos enfants se servent de tout ce qu'on leur a offert, essentiellement en termes de sécurité affective pour voler, un peu plus loin de nous, mais jamais sans nous. À la veille de son départ, je me sens maman funambule, écorchée mais fière, vulnérable mais volontaire, le souffle court mais emplie d'énergie pour préparer son futur nid, triste pour moi mais heureuse pour lui, creusée dans le ventre mais dévouée à ses deux sœurs et à son papa qui ont besoin de moi, perdue, mais sur mon chemin de vie et sur un fil, mais forte de notre lien que je sais éternel. J'avais alors besoin de soleil, de *pasta alla pomodoro* et d'elle, juste d'elle, Alex, de son mari Seb et de leurs enfants, Enzo et Luca, pour tracer, me souvenir et vibrer.

Je vous livre cette histoire ici et maintenant et pas une autre, car je la connais par cœur et la partage depuis vingt-cinq ans. Elle est belle, authentique, elle souffle la vie, la vraie. Car son héroïne est mon Autre, tout comme je le suis pour elle : c'est la marraine de mon fils, sa famille est la nôtre (le sang en moins), nous posons le même regard sur la vie et nos enfants, bref, nous nous aimons.

Avant de me lancer, j'ai relu son interview et je me suis dit que c'était le bon choix et que j'avais bien fait ! Vous allez surfer sur la *dolce vita* avec elle, optimiste, déterminée, instinctive, jamais résignée, pleine de confiance. J'aimerais beaucoup que vous puissiez lui emprunter un peu de cette dernière pour les jours de disette. C'est bien dans ce but que je tenais à lui donner une place dans ce livre.

Son histoire est une expérience de maternité, un cadeau qui vient dire que parfois ça glisse, certes avec quelques bleus à l'âme, mais avec la puissance d'une révolutionnaire.

Cette boule de feu s'appelle Alex, elle a 48 ans, est pédicure-podologue à son compte, aime, depuis vingt-neuf ans, son mari Sébastien, directeur commercial, âgé de 48 ans. Elle a des origines italiennes, lui espagnoles, ils ont tous les deux le sang chaud, surtout lorsque l'Italie affronte l'Espagne sur un terrain de foot. Elle est montée sur ressorts ; lui aussi, mais sur ceux de son matelas ! En commun, ils ont une histoire d'enfants de parents divorcés et cette volonté de créer une famille incassable. Perdre son papa alors qu'elle n'avait que 23 ans avait aussi renforcé sa pugnacité, sa force de vie et son besoin viscéral de la donner.

Alex n'aurait d'ailleurs pas choisi un autre homme pour devenir mère : *« je l'imaginais comme un bon papa et il l'est. Aimant et prêt à s'oublier pour eux, comme pour moi. »* Deux jeunes hommes, leurs deux fils, peuvent en attester : Enzo, 19 ans, étudiant en kinésithérapie, et Luca, 16 ans, lycéen. Ces deux-là, portés et élevés au sens de la famille et du partage, s'aiment à la folie et participent pleinement à l'image de bonheur qu'ils diffusent tous les quatre !

Alex, qui se qualifie elle-même d'« *attachiante* », est très organisée, écrit des tonnes de listes, ne laisse rien au hasard, a douze agendas, tous remplis jusqu'en 2025, s'attelle à se montrer infaillible, voire poisson combattant.

Mais la Alex que j'aime le plus, c'est celle qui baisse parfois la garde, se laisse aller et accueille le petit Nemo qui sommeille en elle. La maternité lui a ouvert les portes de sa grande sensibilité et l'a autorisée à l'exprimer plus souvent et plus librement.

Devenir mère était son « *rêve* » et pour le réaliser, elle a attendu d'avoir une situation financière et professionnelle stable alors que son mari et elle filaient déjà le parfait amour depuis plusieurs années. C'était un « *aboutissement* » de leur vie de couple. Tout était sous contrôle, comme toujours ! Ils ont décidé de faire un bébé et ils l'ont fait. « *Action, réaction ! J'ai eu envie d'un bébé et j'ai tout donné pour l'avoir* », comme elle dit ! Dame Nature est souvent bien faite et un mois après l'arrêt de sa pilule, Enzo élisait domicile dans son ventre. Elle se souvient de la découverte de sa grossesse, comme si c'était hier : « *j'ai fondu en larmes dans les bras de Seb, ce n'était que du bonheur et le début d'une nouvelle vie* ». Je l'ai vue immédiatement rayonner, d'ailleurs j'ai compris avant elle qu'elle était enceinte. Alors qu'un soir, elle descendait les escaliers de leur mini-appartement, une lumière nouvelle se dégageait d'elle et celle-ci ne m'a laissé aucun doute. Alors en attente de bébé, mon mari et moi avons épousé cette promesse de vie et de bonheur de nos quatre bras, tant et si bien que deux heures après l'apparition des deux barres bleues, j'étais désignée marraine. Quel honneur et quel amour dans ma vie !

Des rires et des larmes de joie plus tard, Alex s'est engouffrée sur le chemin de la grossesse « *sans questions ni inquiétude* », ni pour elle ni pour son bébé. Elle y est allée à fond, comme dans tout ce qu'elle entreprend et elle s'est épanouie, « *je me sentais apaisée, tranquille, puissante, aboutie, bien de le savoir en moi et à moi* ». Il n'y a pas un gadget qu'elle n'a pas acheté, pas une information à côté de laquelle elle est passée et pas une étape qu'elle n'a pas célébrée, avec les siens évidemment. Elle portait un enfant, mais, pour la première fois, elle se laissait aussi porter par l'évidence de cette histoire, par l'amour qui grandissait en elle et par ce doux bonheur. Ceci a participé à construire les fondations d'une confiance maternelle immense qui pourtant aurait pu flancher, et ce à plusieurs occasions. Il ne suffit en effet pas d'être dopée à la vie pour que celle-ci ne nous mette pas à l'épreuve.

La confiance maternelle mise à l'épreuve

Lors d'une échographie, une malformation cardiaque, une coarctation de l'aorte, a été suspectée. Elle ne compromettait pas le pronostic vital de son bébé, mais elle était à surveiller dans un centre spécialisé et peut-être devrait-elle être opérée à la naissance. Alex et Sébastien ont été abattus, ont beaucoup pleuré, ont trouvé des informations terribles sur internet et ont eu peur pour leur enfant. Très entourés par leurs parents, leurs frères et leurs amis, ils ont pu se laisser aller à leurs émotions et se sentir accueillis et soutenus. Alex s'est donné une soirée de larmes et de désespoir et était de nouveau en selle le lendemain, bien décidée à y rester et à affronter cette épreuve. Les nouvelles échographies ont été rapidement rassurantes, mais il fallait bien prendre et vérifier les différents pouls après l'accouchement. La fin de la grossesse puis Enzo, sous la canicule écrasante de 2003, ont pointé le bout de leur nez.

L'accouchement a été long et très périlleux. Alex présente la même malformation anatomique au niveau du coccyx que sa maman, qui rend la descente du bébé dans le bassin très compliquée, mais son gynécologue n'y avait pas prêté attention et avait même ignoré son avertissement lors d'une consultation prénatale. Après vingt-quatre heures de contractions capricieuses, mais douloureuses, Alex et Sébastien sont passés en salle d'accouchement alors qu'une armée d'amour patientait en salle d'attente. Cela faisait déjà trois heures que Sébastien avait passé une tête et crié : *« elle est à dix centimètres ! »*... La tension palpable a succédé à l'euphorie et à nos pronostics sur le poids, la taille, la couleur des cheveux et des yeux d'Enzo. Sa maman a enfermé son visage entre ses bras, la petite clique impatiente qui enchaînait les cigarettes s'est réfugiée dans un bruissement qui ne laissait échapper que quelques soupirs ou des regards inquiets vers l'horloge.

Finalement, Sébastien, sonné, abasourdi, mais heureux nous a rejoints, nous l'avons serré très fort puis il nous a raconté. En fait, derrière ces portes, Alex venait de livrer un combat acharné, un de plus, pour pousser, encore pousser pendant plus d'une heure, son bébé bloqué dans le détroit inférieur du bassin. La péridurale ne fonctionnait plus, une épisiotomie a été réalisée à vif pour appliquer une ventouse sur la tête du bébé, puis des forceps, le tout ponctué de son hurlement archaïque : *« Maman ! »* Elle a tout donné, toutes ses forces et même la dernière, telle une lionne, pour son petit du signe du Lion, encouragée par l'équipe et par Sébastien. Enzo est né et dans un souffle, elle a rappelé « *les pouls...* », sa tension a chuté très vite et très bas, elle s'est sentie partir, elle a vraiment senti qu'elle quittait notre monde. Elle a soufflé *« occupe-toi bien de lui »* puis s'est évanouie. Voici les premiers mots d'une femme, devenue maman, lui avant elle, pour toujours et quoiqu'il arrive. Elle se souvient : « *j'ai eu peur pour mon bébé, mais pas pour moi, je n'ai même pas eu peur de mourir, car tant qu'il allait bien, je me fichais du reste* ».

Alex a été réanimée, elle a repris connaissance et vie, les pouls d'Enzo tapaient bien où il fallait et comme il fallait, Sébastien n'avait pas quitté son fils et semblait déjà le connaître. Lorsque enfin, elle a pu rencontrer son bébé et laisser libre cours à son torrent d'amour pour lui, Alex a instantanément oublié la douleur qu'elle venait d'endurer : « *j'ai passé je ne sais combien d'heures à le regarder, à me dire que c'était le mien et cela me rendait fière* ». Ensemble, ils ont plongé dans l'aventure de l'allaitement maternel qui n'a fait que renforcer ce sentiment d'appartenance un peu animal et salvateur pour panser les plaies de cet accouchement sous haute tension.

Comme un cadeau, l'équipe soignante lui a offert d'être rejointe par sa propre maman en salle de naissance. J'ai trouvé ce geste magnifique, cette attention très touchante et toute à la gloire de l'épreuve que ces deux mamans venaient de vivre : celle de trembler pour la vie de son enfant. Viviane a enfilé la blouse blanche qu'une infirmière lui tendait puis a traversé le couloir qui la séparait de sa fille et de son petit-fils et les a retrouvés, dans la pénombre de cette nuit d'été. Alors qu'Alex n'avait d'yeux que pour son fils, Viviane n'a eu d'yeux que pour sa fille, qu'elle avait besoin de voir, de sentir, de toucher, telle... une lionne ! On ne finit jamais de devenir maman. Cette fois, Viviane devenait la maman d'une maman. Alex lui a fait remarquer que son bébé se tenait là, tout près d'elle et alors la rencontre a eu lieu. « Mamie K'Wet » venait elle aussi de naître. *Big up* aux grands-mères !

Un lien fort et immédiat avec son bébé

Le séjour à la maternité a confirmé Alex dans ce nouveau rôle qu'elle venait d'épouser follement et simplement, presque comme prévu ou pressenti, « *j'ai tout de suite été la maman aimante que je pensais être, c'est naturel, c'est une continuité, c'est ma vie* », ce qui lui a permis de se sentir assez assurée pour l'allaiter, lui donner le bain, le bercer, le consoler, l'endormir ou le changer. Dans son article de 1956 intitulé « La préoccupation maternelle primaire », Daniel Winnicott, pédiatre et psychanalyste britannique, décrit le concept de « préoccupation maternelle primaire », qui met en avant les capacités d'une jeune mère à s'adapter et à répondre aux besoins du nouveau-né avec délicatesse et sensibilité et construire ainsi les fondations de la sécurité intérieure de ce dernier. Cet état permet d'ailleurs, le plus souvent, de mieux supporter la dépendance du bébé (juste du sien et pas d'un autre) envers sa mère et les difficultés rencontrées, dont la carence de sommeil et les pleurs. Je ne me permettrais d'avancer sur ce sujet aucune généralité, chacune portant son histoire, mais dans le lien qui unit Alex à Enzo, il est certain que ce concept a eu sa place.

> « Comme une lionne, je savais pour mon petit, je n'avais pas besoin d'apprendre. »

Le jeune couple de parents était encore très entouré et heureux de pouvoir partager leur plus grand bonheur avec famille et amis. Je pense que de nous voir tous si heureux a participé à l'intensité de ces jours. À l'époque, j'étais infirmière en maternité et je passais tous les jours, armée de mes nombreux remèdes pour soulager la douleur aiguë au niveau de l'épisiotomie et surtout pour veiller sur les émotions d'Alex. Je n'oublierai jamais son visage de jeune accouchée, le teint un peu jauni, des cernes sombres et profonds et son regard, presque timide qui disait « *tu vois je l'ai fait, j'ai eu mal, j'ai toujours mal, mais il est là et ça me suffit* ». Comme dirait ma fille Lou : « *c'était terriblement mignon !* » Lors d'une de mes visites, elle a exprimé le besoin de sortir prendre l'air, alors nous avons confié Enzo à la nurserie cinq minutes, peut-être dix, et à son retour, une étudiante sage-femme l'attendait et a dit : « *Alors ? On abandonne déjà son bébé ?* » Inutile, jugeant et violent ! Non, cette jeune maman n'abandonne personne, mais vient juste de s'offrir une respiration avec sa meilleure amie pour souffler, pour dire, pour partager, pour apprendre à penser aussi à elle, pour fumer une cigarette dont elle rêvait, pour mieux revenir et pour encore mieux faire. Une telle accusation aurait pu engendrer des dommages psychiques et Alex en a bien conscience, mais ça n'a pas été le cas, car elle était déjà emplie de certitudes et de ressentis au service de son fils : « ça m'agaçait qu'on m'explique comment faire, comme si une maman lionne allait en voir une autre pour lui expliquer comment s'occuper de son lionceau. Non, je savais pour lui, je n'avais pas besoin d'apprendre ».

Je pense qu'en tant que soignant, il est parfois compliqué de mesurer à quel point certains de nos propos peuvent être délétères, mais nous devons être vigilants. Dans ma pratique, je marche sur des œufs, pèse chaque mot et pourtant, je pense que je peux parfois mal m'y prendre. Je me souviens de ce matin où je suis entrée dans une chambre vers 11 heures (après avoir toqué). Ma patiente était couchée dans le noir, en pyjama, son petit déjeuner oublié sur un coin de table et j'ai dit, routinière et donc injuste : « *Vous n'êtes pas encore prête ?* » Sous-entendu : « *Plus vite vous êtes prête, plus vite vous vous sentez propre et repue, mieux vous serez disposée pour votre bébé.* » Ma patiente a entendu : « *Je ne suis pas organisée, j'ai mal fait, je ne vais pas y arriver, je suis une mauvaise mère.* » Et moi, ce matin-là, je n'ai pas vu sa tristesse et sa détresse, qui la gardaient au fond du lit dans le noir de sa chambre et son silence. Je suis passée à côté d'elle sans la voir. Deux ans plus tard, j'ai été appelée par une de mes collègues dans une chambre et cette même patiente se tenait devant moi : « *Barbara à cause de vous, j'ai fait une dépression du post-partum* ». Mes jambes ont tremblé, je me suis liquéfiée. Elle m'a rappelé la douche, l'impact de ma question sur son moral, sa descente aux enfers et son hospitalisation, pendant plusieurs semaines, en unité mère-enfant. J'ai demandé pardon, c'était si peu, je l'ai serrée dans mes bras, elle m'a présenté son second bébé et elle a conclu : « *maintenant que vous savez, la boucle est bouclée* ». J'ai accusé réception, j'ai quitté sa chambre, transformée et certainement meilleure soignante. Merci à elle.

À l'écoute de son instinct maternel

Revenons à Alex, qui a rapidement coulé des jours « *extraordinaires* », chez elle avec Enzo et Sébastien, qui l'a demandée en mariage, devant la fidèle clique, le jour de sa sortie de la maternité. Tant pis si ça semble tout droit extrait d'un film romantique, mais je vous assure que c'était doux à vivre.

Ils ont pris rapidement leurs marques, se soutenant l'un l'autre, dévoués à Enzo. Je n'évoque pas une dévotion inadaptée qui induirait qu'ils se sont oubliés ainsi que leurs besoins vitaux, comme manger, dormir ou se laver, non je parle de cette nouvelle priorité qu'ils ont ensemble donnée à leur enfant, de façon mesurée, adaptée, naturelle et qui leur a permis de trouver leur équilibre. C'est-à-dire qu'Alex a pour une fois lâché son cerveau, l'analyse, la réflexion et le contrôle qu'elle impose et qu'elle s'impose au bénéfice de ses entrailles. Elle a instinctivement – ce n'est pas un gros mot – écouté son ventre et sa petite voix intérieure de maman, qu'elle a puisée au fond de son être. Elle n'a pas cherché la réponse dans sa tête, dans un livre ou sur internet. Elle a fait comme elle le sentait : c'est du bout de ses doigts qu'elle a su évaluer sa température, du bout de ses seins qu'elle a su s'il avait faim, du fond de son ventre qu'elle a su s'il avait mal, de son cœur qu'elle a su s'il avait besoin de câlins. Ce n'est pas grâce à une application de téléphone ou à une méthode qui décrypte les pleurs du bébé à la place des parents qu'elle a su pourquoi il pleurait, mais bien grâce à elle. Je ne suis pas démago, pas du tout même, mais si sur l'instant disposer d'un outil peut rassurer les jeunes parents, je crois que, sur la longueur, celui-ci ne fait que tenir les jeunes parents éloignés du principal, à savoir leurs sensations et leurs émotions.

C'est d'ailleurs grâce à tous ses sens en maxi-éveil qu'Alex disait n'avoir besoin de personne pour être conseillée, mais de tous les siens pour partager sa joie, aimer et être aimée.

Seule sa maman avait le privilège de la guider, lorsqu'elle en exprimait la demande, « *je savais quelle mère elle était et ça me correspondait* ». J'ajouterais « *et ça tombe bien !* », car compter sur sa maman, sa fiabilité, sa fidélité, sa clairvoyance et son amour alors qu'une femme devient mère à son tour est un don du ciel (ou d'ailleurs...).

Elle a fait, sans le décider, tout l'inverse de ce qu'elle est : s'écouter (ce qui habituellement pourrait lui donner des boutons) pour mieux s'entendre. Et en cela, elle s'est offerte la plus douce des maternités, celle que je vous souhaite à toutes : celle du ventre, celle qui nous guide, celle qui nous pousse, celle qui nous donne toutes les réponses, celle qui nous permet de faire aussi bien que possible, celle qui nous permet de prévenir le danger, celle qui aide les enfants à grandir et nous avec, sans violence, mais avec évidence. Cette petite voix s'entraîne, je vous le promets, et avoir la certitude qu'elle existe offre déjà tant.

Tout était bleu au pays de leurs rêves, mais Enzo a contracté une infection des reins, dite pyélonéphrite et a été hospitalisé plusieurs jours pour recevoir des antibiotiques par voie intraveineuse. Ses parents se sont injustement sentis responsables de cette maladie et ont eu, en plus de leur peine, à supporter une lourde culpabilité. Il n'avait que trois semaines et Alex était à la veille de sa reprise de travail. Elle était, à l'époque, assistante dans un cabinet de podologie. Notons qu'il n'existe pas de congé maternité remboursé par la sécurité sociale pour les professions libérales, d'où sa reprise très, trop précoce. Elle ne savait plus où donner de la tête, tout s'embrouillait : le travail, la maladie, l'hôpital et pour le coup, elle s'est sentie perdue. Le cortège habituel, dont mon mari et moi, les a rejoints à l'hôpital. Il s'agissait de les soutenir discrètement, en restant à la place qui était la nôtre. La question qui taraudait Alex était celle de la nuit : rester avec Enzo ou rentrer pour assurer le lendemain ? Il faut préciser que son patron n'était pas du genre commode ou arrangeant. Les conseils fusaient de toute part : « *il faudrait...* », « *tu devrais...* », « *il n'y a qu'à...* », et plus il y en avait, plus je la voyais se noyer. J'étais muette et j'ai juste attendu le bon moment. Elle et moi, seules dans un couloir, elle m'a dit : « *je ne sais pas quoi faire* ». J'ai laissé passer un temps et j'ai répondu : « *que veux-tu, toi ? de quoi as-tu besoin ?* », « *j'ai besoin de rester* » et elle est restée !

Elle avait besoin de veiller sur son fils pour le rassurer et être aussi rassurée. Elle a passé la nuit sur une chaise, puis quelques autres, près de lui, le temps pour Enzo de guérir puis de rentrer chez eux.

Ce coup au cœur passé, les beaux jours, ceux dont ils ont le secret, ont refait surface et leur ont permis de créer leur famille, leur bulle, leur cocon, celui qui doit toujours être privilégié. Ils se sont mariés pour sceller leur lien. Malgré les tracas du quotidien, les galères de nounou, les virus de l'hiver, les contraintes parfois, les convulsions et délires hyperthermiques (liées à de gros pics de fièvre) et le travail, ils ont adoré être parents ! Il faut dire qu'Enzo participait à leur bien-être, car il dormait bien – c'est toujours le cas ! –, mangeait bien, souriait beaucoup et embarquait le cœur de tous. Un ange, un amour, mon filleul ! Tant et si bien qu'ils ont décidé d'offrir, deux ans plus tard, un petit frère ou une petite sœur à Enzo. Aussitôt dit, aussitôt fait, et ce sera un petit frère, attendu avec autant de ferveur, de passion et de sérénité qu'Enzo : « *j'ai surkiffé être enceinte* », à la différence près qu'Alex se demandait s'il serait « *possible de l'aimer autant que le grand* ». Est-ce bien utile de vous dire que ses doutes ont été rapidement dissipés, d'autant qu'Alex a eu la chance de vivre une grossesse sans fausse note et un nouvel accouchement dans une atmosphère bien plus posée que la première fois.

En effet, Alex avait décidé, cette fois, d'accoucher sur mon lieu de travail, une clinique dans les Yvelines (comme je l'ai aimée, cette maternité !), avec mon obstétricien, mes collègues et moi. Quelle chance j'ai eue, quel cadeau ils m'ont offert en m'invitant à partager un des plus grands jours de leur vie ! Mais aussi, quelle pression d'accueillir, de soigner, de guider des proches ! Mon Autre allait devenir ma patiente.

Notre gynécologue, désormais commun, avait été très vigilant lorsqu'il avait lu le compte rendu de son premier accouchement et lorsqu'il avait pris connaissance de l'existence de cette fameuse queue coccygienne, héritée de mère en fille. Il avait prescrit une pelvimétrie du bassin et avait autorisé un accouchement par voie basse, en sa présence. Le grand jour est arrivé, Alex et son mari ont marché de longues heures pour permettre au bébé de descendre un peu et au col de mûrir. Je me souviens les voir arriver avec une paire de chaussures pour homme dans un sac ! Pas de balade sans but, pas question d'errer dans les rues sans maîtriser la situation, alors opération shopping. C'est bien elle, ça !

Il était quand même temps de revenir, de passer en salle de naissance et de poser la péridurale. J'ai veillé, une fois l'anesthésie en place, à les laisser seuls dans le calme de cette salle pour qu'ils se préparent à la rencontre avec leur second fils. C'est important de savoir s'effacer pour permettre une intimité essentielle au couple pour vivre chaque instant, ensemble et dans la force de leur amour. Il en est d'ailleurs de même pour chaque histoire, que l'accompagnant soit ou non le coparent.

Ça y est, le temps est venu de s'installer, de pousser. Le grand docteur – c'est vrai qu'il était aussi grand que doux et souriant – a pris la direction des opérations en créant une équipe forte avec Alex pour la mettre en confiance et leur permettre de vivre cette naissance autrement que sous pression. L'ambiance était joviale, détendue, et sous nos encouragements, elle a commencé à pousser, elle riait aussi et le médecin lui a dit « *c'est super, bravo, il avance encore mieux votre bébé, quand vous riez !* ». Quel trésor que ces paroles, car elles peuvent être les fondations d'une très belle confiance maternelle, à bâtir avec chaque bébé !

« Je l'ai aimé à la seconde où je l'ai vu. »

Elle a poussé, de nouveau à fond, elle a été chercher cette force dans ses tripes et son bébé est né ! Luca venait de rejoindre notre monde et ensemble nous venions de vivre un des moments les plus forts de notre vie. De là, tout a coulé avec simplicité : le premier regard intense, « je l'ai aimé à la seconde où je l'ai vu », la première rencontre avec Enzo, qui « *était presque une maman pour Luca* » et le lait. Oui, le lait ! Alex n'étant pas à un excès près a gardé son bébé, au sein, une nuit entière afin qu'il prenne du poids pour sortir le lendemain. Bilan : ils étaient chez eux le lendemain, mais elle est revenue deux jours plus tard à la maternité avec un engorgement mammaire très impressionnant. Elle souffrait terriblement alors je l'ai installée dans une chambre avec un tire-lait pour vider ses seins et lui rendre confort et bien-être. Elle m'a une fois de plus fait confiance : « *je savais que tu faisais toujours le mieux pour nous quatre avec ton cœur et tes connaissances* ». Je ne sais pas si un jour je m'habituerai à ces propos, les siens, ceux des femmes que j'accompagne, tant ils me touchent et m'honorent.

Luca a pris pleinement sa place, avec sa bille de clown, ses bêtises et son dynamisme. Les frères sont inséparables, comme Alex et Seb, comme eux quatre. Elle a réalisé son rêve de famille en partageant ses journées, les bonnes et les mauvaises, car il y en a entre le travail et eux. Alex a décidé aussi vite de ne plus avoir de bébé qu'elle avait décidé d'en avoir et, avec toute sa détermination, a vendu tout le matériel de puériculture, les meubles et les habits, lors de la brocante de sa ville. Avancer toujours, ne pas regarder en arrière et donner sans cesse la priorité à son rôle de mère qui lui colle à la peau. « *J'adore chaque période de leur vie, du bébé à l'étudiant, je partage chacune de leurs étapes, leur vie me passionne. En fait c'est mon air, mon sang, ma vie.* »

Et nous... nous ne nous sommes jamais quittées.

Conseils

Pour vous relier à votre instinct maternel

— **Connectez-vous à votre corps :** écoutez vos tripes, votre ventre, votre cœur pour comprendre votre bébé plutôt que de raisonner ou de chercher des réponses à l'extérieur. Respirer et rester quelques secondes dans le silence peut vous aider à vous connecter à votre petite voix intérieure.

— **Faites-vous confiance** : facile à dire ! Mais partir du principe que vous êtes la personne la plus à même de comprendre votre bébé peut vous mener sur la bonne voie et vous renforcer.

— **Soyez présente** : un travail plus ou moins facile selon les personnes. Être présent ici et maintenant, c'est être dans le moment qui se déroule devant vous, ne pas penser au passé ni au futur, être alerte. C'est aussi débrancher vos pensées envahissantes pour vous concentrer sur ce qui se passe. Un excellent moyen de capter au mieux les besoins de votre enfant.

« N'ayez pas peur de parler, d'écrire.
Vous pouvez tout dire.
Ne craignez pas d'être jugée.
Quelques mots et une simple
présence peuvent suffire
à vous réconforter dans les moments
de maternité difficiles. »

Astrid

Astrid

Quand les idéaux brisent l'élan maternel

Après la mort de son père alors qu'elle était enceinte de sept mois et un accouchement traumatisant, Astrid a glissé dans une grave dépression qui a duré de longs mois après la naissance de son fils. Ses idéaux de maternité, confrontés à une tout autre réalité, l'ont menée à frôler le regret maternel.

Est-ce l'espoir d'aller mieux un jour ou le désespoir de la souffrance qui mène à taper sur le clavier d'un ordinateur *« lien maman bébé »* puis à cliquer sur les sites qui traitent de ce sujet ? Les deux sûrement. Ce sont ces mots qui ont conduit Astrid vers moi, car, sans le savoir, c'est le nom précis de mon entreprise qu'elle a alors renseigné. Une fiche contact remplie et un mail plus tard, nous nous sommes rapidement rencontrées, par vidéo consultation. J'avais une heure pour aider cette très jeune maman. Une heure, ce n'est rien et pourtant c'est beaucoup. Parler de soi alors que son moral est au plus bas demande une énergie profonde, qui le plus souvent a déjà abandonné mes patientes. De mon côté, j'allais tout faire pour l'entendre.

Une naissance en totale déconnexion

Astrid a 27 ans, elle est coiffeuse et vit dans le sud de la France avec Ludovic, son futur mari, et Marceau, 2 mois, leur fils. Elle est assise sur son canapé, son bébé dans les bras, elle semble lasse, très lasse, sa voix est atone, son regard triste et même ce qui l'entoure paraît ne presque pas exister. Je ne vois qu'elle et ce voile épais qui est venu se poser sur elle au moment même où son fils est né. Son accouchement avait été déclenché à cause d'un retard de croissance intra-utérin (RCIU), ce qui ne l'a pas empêchée d'« *adorer accoucher* ». Ce RCIU la culpabilise beaucoup, car elle était, elle aussi, en dehors de ces fameuses courbes de croissance et les onze échographies de surveillance qui ont ponctué sa grossesse l'ont beaucoup angoissée. Et au moment où Marceau est censé pousser son premier cri, c'est un silence pesant qui s'abat sur la salle d'accouchement : Apgar à zéro. Ce score est mesuré lors de chaque naissance afin d'évaluer l'apparence, le pouls, les grimaces, l'activité musculaire et la respiration du nouveau-né. Un bébé qui va très bien a un score de 10 ; un résultat en dessous de 7 suffit à signaler une défaillance. Alors que son bébé bénéficie de plusieurs manœuvres de réanimation pour se connecter à sa vie extra-utérine et être hors de danger, Astrid, elle, s'écroule en un instant, ressent *« une déconnexion totale »* avec son environnement et « *le néant* » pour son fils. Son nouvel état de maman l'aspire et la broie d'emblée.

Sa chute est vertigineuse, au moins aussi immense que ses espoirs de maternité rêvée.

Marceau, lui, s'est remis et a vite retrouvé ses parents.

Un deuil familial qui empêche une mise au monde (de maman)

Les premières consultations ont été l'occasion de mesurer l'étendue de sa souffrance. « *J'allais très très mal, je n'avais plus goût à rien ni à la vie, je ne ressentais rien pour personne, j'étais perdue, dans le brouillard permanent, dans le noir, je mangeais peu, me demandais ce que je faisais là, et le plus terrible : je ne ressentais rien pour mon fils.* » Astrid présentait de nombreux signes de dépression du post-partum, mais celle-ci avait débuté pendant sa grossesse, à son insu. Ni sa famille ni les soignants n'ont vu à quel point elle sombrait, car la dépression prénatale est souvent sourde, peu connue et bien cachée.

Elle ne pouvait plus aimer car elle avait peur d'être abandonnée.

En effet, le papa d'Astrid est décédé alors qu'elle était enceinte de sept mois. Elle n'avait jusqu'alors « *jamais connu un tel chagrin* », mais a tenté de le mettre de côté. Alors qu'elle allait donner la vie, son père perdait la sienne. Il n'existe pas plus grand paradoxe que celui-ci et il lui a fait l'affront de la poursuivre jusqu'en salle d'accouchement, lorsque Marceau était inanimé. Un choc de plus, un choc de trop. Astrid s'était coupée de la vie, d'elle-même, de ses sentiments, de la fin de sa grossesse et de son bébé pour échapper à sa tristesse. Il était dangereux d'aimer, car aimer faisait souffrir : alors elle n'aimait plus « *rien ni personne* ». Elle ne pouvait plus aimer, car elle avait peur d'être, une nouvelle fois, abandonnée. Alors qu'elle voulait l'aimer si fort ! Quelle dualité !

Ainsi, elle croyait protéger son bébé, qui n'aurait jamais à l'aimer et à souffrir de la perdre un jour, car elle se considérait comme une maman non « aimable ». Pourtant, le jour où je lui ai dit qu'il l'avait déjà reconnue comme étant sa maman, Astrid a pleuré d'une douce émotion et m'a dit : « *ça me touche, ça* ». Je n'avais qu'à observer leurs regards, son changement de voix quand elle lui parlait, ses baisers sur sa tête endormie et son calme à lui, blotti contre elle pour savoir que ces deux-là s'aimaient déjà bien plus qu'elle ne le savait et ne le ressentait. Astrid, poussée par son caractère volontaire et sa forte notion de devoir envers son enfant a d'ailleurs toujours veillé sur lui avec beaucoup d'attentions, en le langeant, le câlinant et le nourrissant, car « *il n'y est pour rien, le pauvre* ».

Ensemble, nous avons souvent parlé de son papa, du divorce de ses parents, de sa place de petite maman pour son petit frère et du temps qu'elle devait s'offrir pour justement prendre le temps de vivre l'absence de son père. Je l'ai encouragée à se rendre sur sa tombe. Cela lui a fait du bien, car elle a repris possession de son chagrin, de son deuil. J'allais l'aider à s'en occuper.

La dépression du post-partum et les pensées suicidaires

Toujours est-il que la souffrance décrite par Astrid exigeait toute mon attention et je me suis servie de mon questionnaire personnel pour affiner mon avis et ma prise en charge. Astrid a utilisé tous les biais possibles pour le contourner habilement au point de me perdre. J'en ai perdu mon latin. Ses réponses ne me permettaient pas de parler de psychiatre et de médicaments et pourtant, je savais que la dépression était bien là, trop là. Alors je suis revenue à la charge et deux consultations plus tard, elle m'a avoué : *« je vous ai menti, Barbara, je n'ai pas dit la vérité le jour du questionnaire ».* J'ai reposé mes questions, j'ai pu enclencher la suite de mon travail et je me suis occupée de prendre le premier rendez-vous avec un psychiatre parisien, car elle n'en trouvait pas près de chez elle. La situation était suffisamment urgente pour que je lui donne un coup de pouce. Elle était même très urgente, car Astrid avait des idées suicidaires et des pulsions de mort très fortes. « *Si j'avais eu un couteau ou un flingue près de moi, alors j'aurais pu me tuer.* » Selon une enquête récente de Santé publique France et de l'Inserm, le suicide est la seconde cause de décès maternel en France et il est impossible d'ignorer ce chiffre : il faut au contraire s'y confronter et mettre en œuvre un plan d'action qui permettrait de mieux s'occuper de la santé mentale des mères. D'ailleurs, depuis 2022, un entretien systématique est proposé pour détecter les dépressions à la cinquième semaine, voire aussi à la douzième semaine du post-partum pour les mamans considérées comme à risque à la suite du premier entretien. Selon moi, chaque jeune maman est à risque, mais il existe certains facteurs prédisposants (accouchement traumatique, isolement, séparation, deuil, antécédents de dépression...) qui peuvent le majorer. La vigilance des professionnels de santé et de l'entourage doit être aiguë.

Il est essentiel de parler afin d'être reconnue comme victime et non plus comme « mauvaise mère ».

J'étais la seule personne à qui Astrid avait confié ses pensées, ses pulsions funèbres et ses phobies d'impulsion (elle se voyait faire du mal à son bébé, ce qui la paniquait), elle redoutait plus que tout de passer à l'acte et elle avait peur d'elle-même et pour Marceau, car le silence s'ancre généralement comme un dernier rempart à la détresse. Se taire pour ne pas entendre ce qu'il y a à dire. Se taire pour se protéger et ne pas savoir ce que l'autre aurait à y répondre. C'est un leurre. Au contraire, il est essentiel de parler pour avoir une chance de sortir de sa souffrance, d'être reconnue comme victime et non plus comme « mauvaise mère ».

J'étais non seulement la seule à tout savoir, et je devais également me charger de la prise de rendez-vous avec un psychiatre, car Astrid n'en était pas capable, elle n'en avait pas la force. Ce professionnel l'a mise sous traitement, et au bout de quelques mois encore douloureux, les premiers rayons de soleil ont discrètement percé : « *la lumière au bout du tunnel dont vous me parliez a pointé* ». Je la rassurais souvent, lui donnais quelques clés et solutions et lui tenais la main, chaque semaine. Puis un jour, elle a commencé à me dire qu'elle aimait sentir Marceau contre elle ou bien passer un peu de temps avec lui.

Quand les idéaux de maternité sont trop lourds à lâcher...

Les consultations suivantes m'ont permis de comprendre à quel point ses représentations concernant la maternité avaient la vie dure. Elles l'ont encore aujourd'hui, d'ailleurs. Selon Astrid, avoir un bébé constituait « *un épanouissement, une hyperprotection, la concrétisation d'un amour, une suite logique, un aboutissement après neuf ans de vie de couple, un bonheur inégalable, l'amour inconditionnel au premier regard* ». Elle en parlait de façon un peu enfantine, car manichéenne et elle n'envisageait aucune autre option. Elle se décrit d'ailleurs comme « *une femme-enfant* » : « *je suis un mélange de maturité et de légèreté par rapport aux responsabilités de la vie, et celles d'être mère me paralysaient* ». La « bonne » maman selon Astrid tombe d'amour, pleure, tremble, a peur, hurle de joie, ne travaille pas, ne peut pas se séparer de son bébé, ne fait que penser à lui, fait tout pour lui, se meurt derrière la porte de la nounou, ne crie jamais, n'a jamais besoin d'être seule, se mue en louve ou en poule, et j'en passe. Elle la décrit d'ailleurs très bien sur sa page Instagram *@maternite_etc*, dans laquelle elle écrit avec une justesse infinie ce qu'elle a parfois tant de mal à dire. Cette image de bonheur absolu, la sienne, celle qu'elle tire de son enfance, ne venait que renforcer son mal, à l'exact opposé de ses rêves.

La confrontation à la réalité a été violente et très déstabilisante. Pourtant cela est très commun, car il est rare (mais ça arrive et tant mieux !) que tout colle à nos rêves. Comme pour se punir un peu plus de ne pas être la maman attendue, Astrid surfait sur internet et se gargarisait de comptes Instagram qui lui mettaient chaque jour, sous les yeux, cette maman qu'elle voulait être : « *je n'étais pas normale et pour cela je devais me faire interner* ».

La question de la normalité est ici centrale et, pour ma part, je ne connais aucune maman « normale » : je connais des mamans qui essaient, qui expérimentent, qui sont fières d'elles ou qui se plantent. Cette image d'Épinal l'enfonçait encore plus et ne permettait pas à sa confiance d'éclore. Elle se sentait, et se sent encore un peu, inférieure aux autres mamans, qui assurent, selon elle, transies d'amour chaque jour.

Je lui ai vivement conseillé de prendre un peu le large et d'aller surfer ailleurs que sur le Net. En cessant de se comparer aux autres, elle pourrait offrir plus de place à la maman qu'elle était vraiment, que Marceau aimait naturellement et dont il avait besoin. Elle pourrait ainsi se sentir plus tranquille et moins chahutée par ses pensées parasites, « *mais ruminer, c'est mon caractère depuis toujours* ». Elle y travaille encore.

Lorsque je lui ai démontré qu'il était effectivement possible d'être très épanouie en tant que mère, mais qu'il était aussi possible de ne pas l'être, que cela ne constituait pas un crime et que ça ne la condamnait pas à l'étiquette de « mauvaise mère », Astrid m'a répondu interloquée : « *Ah bon ! Vous croyez ? Ah ! Alors ça va aller.* » Puisque je le dis, c'est que ça doit être vrai. La confiance que mes patientes m'octroient me laisse parfois sans mots. Peut-être qu'elles sentent que, moi aussi, je fais de mon mieux. Entrevoir l'idée qu'il pouvait y avoir de la place pour tout le monde, pour toutes les sortes de mamans, les folles d'amour, les stressées, les organisées, les fusionnelles, les larguées, les documentées, les nonchalantes, les au foyer, les au boulot, les dépassées... a ouvert une porte salvatrice, réconfortante et rassurante à Astrid. Mais son chemin est encore long avant de se sentir totalement « *débloquée* ».

… le regret maternel fait surface

Toutes ces considérations l'ont amenée à se demander si elle était *« faite pour être mère »* car selon elle : *« une vraie maman ne se pose pas ces questions »*. Astrid a commencé à se documenter sur le regret maternel. Elle se pensait être une « fausse maman », car sa vie lui semblait plus simple sans enfant et elle appréciait ses moments seule et récréatifs, comme bronzer ou regarder une série. *« Le regret m'a parcourue au début et peut encore se relier aux journées que mon bébé me fait passer, je ne trouve pas encore génial d'être mère et c'est encore parfois difficile. »* Astrid ne regrette pas d'avoir son fils, mais elle regrette de ne pas être la maman qu'elle voulait être et de ne plus avoir sa vie d'avant, libre et sans contrainte. Et la nuance est immense.

Astrid décrit maintenant son attachement physique pour son enfant, son plaisir de prendre du bon temps avec lui, sa fierté de le voir grandir, marcher, parler, lui tendre les bras, être simple à vivre. Elle évoque sa fibre maternelle qui se développe, comme « *une graine qui est devenue une fleur, je vois du positif, du bonheur dans la maternité* ». Je l'ai invitée à se faire un cadeau qui symboliserait son optimisme retrouvé, son nouvel épanouissement et sa timide confiance : elle a choisi un rosier grimpant, d'un rose tendre. Comme elle, il grimpe, il s'accroche.

Pendant dix-huit mois, les consultations ont défilé au rythme d'une fois par semaine, puis de deux fois par mois, puis toutes les trois semaines et enfin une fois par mois, jusqu'à la dernière. Le ton de l'accompagnement était plus aux confidences et surtout à la consolidation de sa santé mentale, phase primordiale de sa guérison en trois temps, commune à toutes les mamans souffrant de dépression du post-partum : d'abord, sortir la tête de l'eau et du mode survie, puis retrouver du plaisir, le goût de vivre, l'envie et enfin faire en sorte que cela perdure. Petit à petit, Astrid a repris pied et a arrêté les antidépresseurs. « *Vous m'avez sortie de là où j'étais, je ne suis plus malheureuse et je me sens bien mieux.* » Dans sa vision toujours assez sectorisée de la maternité, elle atteste qu'être maman demeure « *tout et son contraire* », mais que « *ce n'est plus un fardeau* ». En effet, elle est désormais prête à investiguer chaque pan, plus ou moins contraignant, plus ou moins fatigant, plus ou moins dingue, plus ou moins questionnant de ce rôle, mais toujours sous le sceau d'une découverte à vivre, à toujours se donner du temps, à ressentir et justement « *je ressens de nouveau !* ».

Quelle VICTOIRE !

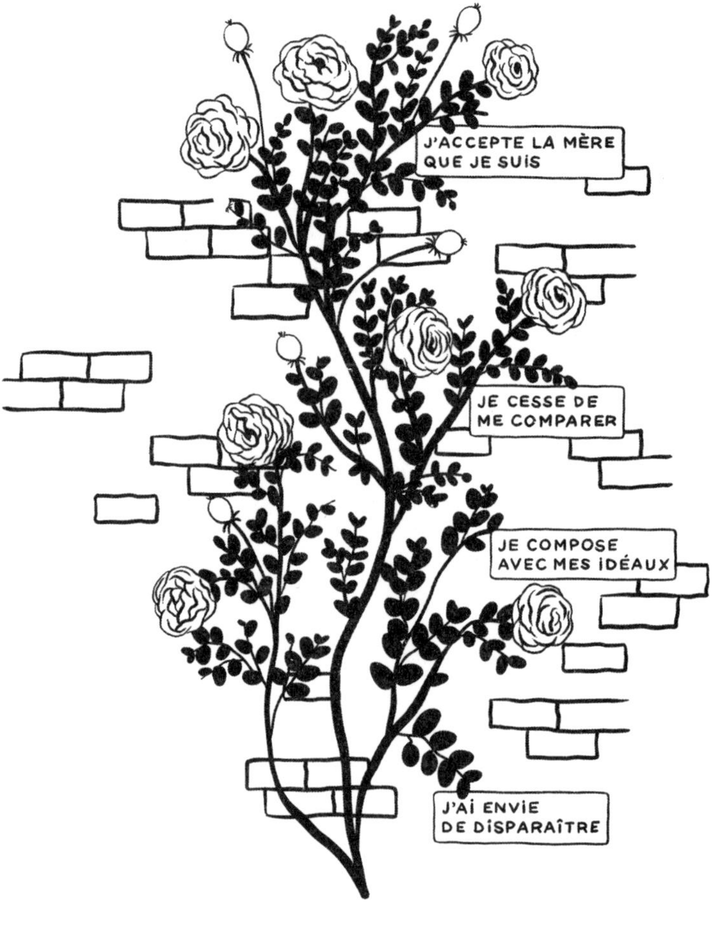

Conseils

Pour accepter d'être une mère imparfaite

— **Cessez de vous comparer aux autres :** évitez de suivre des mamans soi-disant « idéales » sur les réseaux sociaux. Nous sous-estimons beaucoup l'impact de ces « faux-self » qui envahissent nos téléphones, nous complexant un peu plus chaque jour avec ces vies idéalisées et grignotant insidieusement notre confiance en nous !

— **Lâchez progressivement certaines de vos exigences** : en dressant une liste des pressions inutiles que vous pouvez vous imposer au quotidien et qui méritent plus de souplesse (coucher à 20 heures pile, chambre impeccable, activités Montessori dans la semaine...).

— **Comptez davantage sur le coparent** : pour alléger la charge mentale qui met la barre trop haut et pour mieux vivre vos « imperfections ». Par exemple : je ne suis pas à l'aise pour le coucher alors que lui oui, faisons équipe !

« Surtout, ne vous mettez pas
la pression. Vous faites ce que vous pouvez.
Profitez de vos enfants et aimez-les
sans vous encombrer de théories.
Appréciez chaque petit moment,
chaque sourire. Et gardez du temps
pour vous. Sans culpabiliser.
Toutes les familles, toutes les relations
mère-enfant sont différentes, c'est normal
et c'est très bien. Ne vous comparez pas
aux autres, surtout pas sur les réseaux
sociaux ! Et n'hésitez pas à vous orienter
vers un accompagnement
si vous en ressentez le besoin. »

Lucie

Lucie

Apprendre à connaître ses limites de maman

Lucie, ma chère Lucie ! La détermination d'une femme et la puissance d'une mère résident en elle. Cette nouvelle histoire est celle d'une plongée dans les enfers de l'angoisse et de la dépression du post-partum – cette maladie concerne environ 17 % des jeunes mères selon l'enquête nationale périnatale 2021 réalisée par Santé publique France –, contrebalancée par *« la foi en la vie, l'énergie, l'audace et l'affirmation »* qui la caractérisaient pour en sortir.

Lucie, âgée de 37 ans, est en couple et pacsée avec Olivier depuis huit ans et a trois enfants, Apolline, deux ans et demi, Julia et Hugo, âgés de 8 mois. Elle m'a sollicitée à l'occasion de la naissance de leurs jumeaux, alors qu'ils avaient 6 semaines.

Comme d'autres mamans, le contact que Lucie a cherché à établir avec moi a d'abord été frileux, arguant un manque de temps et d'argent pour entamer un réel accompagnement. Je regrette d'ailleurs que mes consultations ne soient pas en partie remboursées, mais si je dois fournir un effort sur mes tarifs, je le fais, car il est inenvisageable pour moi de laisser une maman sans soins (car il s'agit bien de cela) sous prétexte qu'elle n'a pas les moyens.

J'ai attendu, bien décidée à ne pas laisser cette maman se perdre dans les méandres de sa souffrance. Puis je l'ai relancée et, avec douceur, je lui ai proposé quelques créneaux de consultation, mais aussi du temps pour y réfléchir et j'ai souligné qu'elle pouvait commencer sans être engagée à poursuivre. Je ne travaille pas au forfait et mes patientes sont libres, je ne cesse de le répéter.

Prête, elle a finalement accepté de prendre rendez-vous. J'étais chez mes parents pour quelques jours, je me suis donc installée dans le bureau de mon père et j'ai entendu les premiers mots de cette maman : « *je n'en peux plus !* ». Lucie estime que la maternité est l'expérience la plus « *renversante* » de sa vie. Pour être renversée, elle l'a été : « *je me suis effondrée d'un coup, je n'ai plus aucun repère, tout me semble insurmontable, je ne suis capable de rien, je ne peux pas être seule avec mes enfants, je ne sors plus et même la force qui m'habite est partie.* ». Elle avait aussi perdu 5 kilos en sept jours, ce qui est le signe physique d'une souffrance mentale extrême.

J'ai tout de suite senti qu'elle était au plus mal. Je pouvais presque ressentir son mal de vivre physiquement et je me demandais bien comment j'allais pouvoir lui annoncer qu'elle allait devoir consulter un psychiatre pour entamer un traitement. Je trouve difficile, périlleux et délicat de parler antidépresseurs et autres médicaments à mes patientes alors qu'il a déjà été si ardu pour certaines d'accepter de me révéler leurs difficultés. Et pourtant, en complément d'une prise en charge des émotions, cette option est parfois indispensable.

Certes, je ne suis ni médecin ni psychologue et j'ai un respect immense pour chaque professionnel de santé que je suis amenée à côtoyer et pour la place unique et essentielle que chacun d'entre nous peut occuper auprès des mères. Mais il est aussi vrai que, l'expérience aidant, je repère rapidement les patientes pour qui ma seule prise en charge est insuffisante. J'ai un sens très aigu de la responsabilité qui peut être la mienne, l'infirmière sommeillant toujours en moi, et je n'hésite jamais à solliciter différents praticiens pour la compléter. Ce travail d'équipe est selon moi d'une richesse incroyable, primordial et mis au service de chaque femme pour améliorer et renforcer nos pratiques.

Mon soulagement a été intense quand Lucie m'a dit avoir débuté un traitement anxiolytique et antidépresseur la veille de la première consultation. Il faut préciser que cette maman était très bien entourée et conseillée par son papa, pharmacien, et sa maman, médecin, qui l'ont dirigée rapidement vers un confrère psychiatre. La rapidité du dispositif qui a encadré Lucie a été déterminante. Il faut savoir que, selon Adrien Taquet, secrétaire d'État à l'Enfance lors des Assises de la santé mentale, seulement 5 % des jeunes mamans disent avoir été diagnostiquées par un spécialiste pour une dépression du post-partum et 78 % des parents n'auraient jamais entendu parler de la dépression du post-partum lors des rendez-vous médicaux.

Le poids de la perfection maternelle

L'accompagnement s'est poursuivi et au fil des rendez-vous, j'ai compris que Lucie, grande perfectionniste, se mettait une pression immense à faire autant et aussi bien avec trois enfants qu'avec sa seule petite Apolline. Apolline est une petite bouille d'amour, chérie par ses deux parents, née après plusieurs fausses couches et un « *long parcours d'essais infructueux* ».

« *Je pensais que je devais tout leur donner, et bien plus encore.* »

Elle lui a tellement tout donné, sans jugement aucun, qu'elle a perdu pied devant l'immensité de la nouvelle tâche qui s'élevait devant elle. Comment faire autant et aussi bien avec trois qu'avec un ? « *Je me mettais à la place de mes trois bébés en me disant qu'ils n'avaient pas tout ce dont ils avaient besoin, à savoir un amour sans limites et que je devais leur donner tout et plus encore.* »

Cette croyance générait en elle une immense culpabilité, surtout vis-à-vis de son aînée, qui selon cette maman, pouvait se sentir délaissée, voire abandonnée. Ce sentiment était aussi amplifié par ce que Lucie avait traversé au début de sa seconde grossesse. En effet, l'annonce de la gémellité a été bouleversante, car elle ne s'attendait ni à tomber enceinte si rapidement (compte tenu de sa première expérience) ni à porter deux bébés en même temps, malgré une très légère stimulation ovarienne, favorisant les grossesses multiples.

La somatisation : un cri du corps

De nombreux symptômes ont incarné sa souffrance maternelle, en plus de cette culpabilité féroce : *« de grosses angoisses et des insomnies me paralysaient. J'avais l'impression d'être complètement dépassée et de ne plus savoir comment m'occuper de mes enfants. J'avais peur de me retrouver seule avec eux. L'envie de fuir loin se faisait pressante ainsi que l'impression que je n'allais jamais arriver à gérer la situation. Une fatigue physique et mentale extrême, ainsi qu'un surmenage m'oppressaient un peu plus chaque jour. J'éprouvais des difficultés à ressentir le lien avec mes jumeaux. »*

À chacun de ses maux, j'ai tenté de proposer une solution, à commencer par la nécessité de mettre en place un relais et de profiter de la présence de ses parents pour « *survivre* ». Cette femme indépendante, bouffeuse de vie, a fait l'effort d'accepter l'aide proposée pour se reposer, dormir, manger et s'est installée pour plusieurs jours chez eux avec ses deux bébés. Ainsi, Lucie aurait plus d'occasions de profiter, au calme, de ses bébés et de créer du lien, qu'elle décrit aujourd'hui comme étant *« un lien sacré et lumineux, pur, de l'ordre du divin, comme un cordon ombilical et un placenta qui relie à sa mère, entoure et protège l'enfant toute la vie ».* En effet, elle profitait d'un peu plus de quiétude, sans avoir à se soucier des tâches ménagères et avait le temps de les découvrir, de les sentir, de les porter, de les câliner, de les reconnaître, comme étant les siens. Dans le même temps, Apolline connaissait quelques moments privilégiés avec son papa, moins accaparé et ainsi plus disponible pour elle, bien qu'Olivier ait été lui aussi épuisé, au point d'être en arrêt de travail, si affecté qu'il était par l'état physique et mental de sa femme.

La fatigue qu'elle subissait l'a plaquée plus d'une fois au sol et était autant la résultante de son nouveau rythme de vie épuisant qu'un symptôme réel et puissant de la maladie. Son psychiatre, disponible, réactif et présent, a réévalué le traitement de Lucie très régulièrement au début afin de lui rendre le sommeil qu'elle avait perdu à cause de cauchemars, de crises d'angoisse, d'insomnies et de difficultés d'endormissement. Au bout de quelques semaines, les bonnes molécules et les bons dosages ont été trouvés, ce qui a beaucoup aidé ma patiente.

Retrouver du plaisir dans son quotidien

De mon côté, afin d'essorer sa douleur, je lui offrais un espace de parole hebdomadaire assorti de réconfort, de réassurance et de conseils pratiques, comme celui de s'offrir un sas de décompression, chaque soir avant d'aller se coucher. En effet, passer d'une activité très soutenue au repos au moment du coucher peut paraître assez abrupte, alors je l'amenais à laisser le temps à son corps et à son esprit d'atterrir en privilégiant une activité plutôt passive et récréative, comme lire, écouter de la musique, faire du crochet, un puzzle... Cela répondait aussi au besoin de retrouver du plaisir dans son quotidien contraignant où elle n'avait plus une seconde pour elle-même. Et c'est ainsi que Lucie a repris goût à la lecture, et aussi un peu à la vie.

Les maladies des enfants, l'hiver et le Covid sont venus l'affaiblir et la solliciter encore un peu plus. Mais la guérison de Lucie ne freinait pas pour autant et elle gagnait chaque jour en *« optimisme, en lumière et en énergie »*. Ces moments confinés ont permis aussi à la famille de créer leur bulle et leurs repères à cinq.

Les enfants n'ont pas besoin d'une maman parfaite mais d'une maman qui prend soin d'elle.

Remplir son arrosoir de vie

J'ai aussi dû nuancer son besoin de perfection et d'omniprésence en lui répétant régulièrement que ni Apolline ni Julia ni Hugo n'avait besoin d'une maman parfaite et corvéable à merci, mais d'une maman heureuse, épanouie, disponible et bien dans sa tête.

C'est d'ailleurs vrai pour tous les bébés du monde et cela conforte les mamans dans leur légitimité à prendre soin d'elles, de leurs besoins, de leurs envies et de leurs émotions. C'est ainsi qu'un arrosoir est venu agrémenter le chemin sur lequel elle se trouvait, ainsi que son suivi. L'arrosoir devrait être notre ami à toutes ! En effet, quand une maman souhaite déverser soins, présence, amour et disponibilité sur la tête de ses enfants, il faut que son arrosoir de vie soit plein. S'il est vide, il lui est impossible de poursuivre sa mission. Alors, il faut le remplir en prenant soin de soi-même et en acceptant l'aide de ses proches, comme Lucie qui a profité de l'écoute, de l'empathie et du soutien de sa famille, et de l'aide quotidienne d'une nourrice, dans un second temps. Elle ajoute : « *aujourd'hui, c'est moi qui suis devenue l'arrosoir de mon mari* », à son tour sous traitement, comme s'il avait attendu qu'elle aille mieux pour sombrer, à son tour.

« Mon caractère m'a mise dedans mais c'est aussi lui qui m'a sauvée, car j'avais finalement les ressources en moi. »

J'ai continué à imager nos consultations afin de lui permettre de comprendre certains concepts, de visualiser ses ressentis et donc de les identifier et de les apprivoiser pour enfin les dompter. Le tunnel sans fin et sans lumière pour la prison de sa souffrance, les pieds dans la vase pour son impuissance dont elle finirait par sortir et la rive ou les premiers rayons du soleil pour symboliser ses premières victoires. Ces dernières ne se sont d'ailleurs pas fait attendre, tant son tempérament solaire, sa connexion à la vie et cette nouvelle force maternelle s'ancraient puissamment en elle. Tout ceci a été déterminant, comme un booster à sa guérison. Et Lucie précise, avec lucidité et brio : « *mon caractère m'a mise dedans mais c'est aussi lui qui m'a sauvée, car j'avais finalement les ressources en moi* ».

Respecter ses limites

Tout a basculé pour Lucie lorsqu'elle a justement compris qu'elle ne ferait pas moins bien avec trois enfants, mais qu'elle ferait différemment. Lorsqu'elle a intégré qu'il n'y avait pas de limites à l'amour, mais des limites à sa personne et à son quotidien, elle s'est sentie soulagée et rassurée. Elle s'est fait le cadeau de découvrir ses limites en tant que femme et maman et a pu les respecter en appliquant des conseils pratiques sur la gestion du quotidien et en créant des espaces pour elle, son couple et chacun de ses enfants. Lucie a pris l'habitude de partager un repas, un bain, un coucher avec chacun de ses trois petits, chaque jour, et de réapprendre à sortir de chez elle, à flâner dans quelques boutiques ou à aller au restaurant avec une amie. En fait, ce n'est plus elle qu'elle découpait, mais son temps. C'est ainsi qu'elle a vraiment, sous mes yeux, accroché de nouveau à la vie et à son nouvel équilibre, édifié avec passion.

Cette maman a une nouvelle corde à son arc :
celle de connaître ses limites.

Le temps était alors venu de préparer sa reprise du travail. Les jumeaux avaient 5 mois et ne cessaient de s'éveiller sous les yeux attendris de leurs parents. Il s'agissait surtout de ne pas trop anticiper afin de respecter son rythme et surtout lui laisser le temps de récupérer. Lucie avait changé d'emploi lors de sa seconde grossesse et avait été très bien accueillie et soutenue lorsqu'elle angoissait à l'idée d'avoir ses jumeaux. Sa supérieure hiérarchique a établi avec elle une relation de confiance à laquelle Lucie a été très sensible. Elle se réjouissait donc de retrouver son équipe et de pouvoir de nouveau se faire belle et enfiler ses tenues, choisies avec plaisir, pour l'occasion.

« *Plus confiante, moins exigeante et sortie grandie de la dépression* », cette maman a une nouvelle corde à son arc : celle de connaître ses priorités, ses limites, et de les faire respecter. Corde que je n'ai cessé de valoriser lors de nos dernières séances. Lucie l'a même gravée dans son corps, en s'offrant un tatouage unique, créé pour elle, symbolisant sa résurrection et ce qu'elle a appris sur elle-même. Il est aussi puissant qu'elle.

Finalement, Lucie n'a plus ressenti le besoin de nos consultations, car elle se sentait « *solidifiée et plus connectée à cette fameuse force, tirée de sa souffrance* ». Je l'ai vue armée, toujours aussi déterminée et emplie de l'amour de ses enfants, de celui d'Olivier, de ses parents et de sa famille. Alors sans moi, mais avec eux et riche d'elle-même, je l'ai confiée, avec beaucoup d'émotion, à sa volonté et à sa joie de vivre. J'aurai d'ailleurs appris, en tant que consultante en périnatalité, que celles-ci comptent aussi pour sortir des ténèbres.

Conseils

Pour écouter ses limites de maman

— **Posez-vous régulièrement des questions sur votre état** : est-ce que je vais bien ? Est-ce que je me sens frustrée ? Triste ? Vide ? Désespérée ?

— **Posez des actions** : une parenthèse rien que pour vous une fois par jour, un moment pour souffler, un autre pour vous occuper de vous, faire du sport…

— **Déléguez vos obligations maternelles** : ne restez pas seule trop longtemps, entourez-vous, demandez de l'aide, confiez votre ou vos bébés régulièrement, donnez des tâches ménagères à votre famille si vous le pouvez, partez chez des proches pour avoir du soutien…

*« Laissez le temps faire son œuvre,
il est la clé de la réussite, de la sérénité
et de l'apaisement. Prenez toujours
du recul. Autorisez-vous à vivre
et à dire vos émotions.
Le temps et la communication
sont les piliers d'une maternité
(et même d'une vie !) heureuse. »*

Céline

Céline

Lorsque des violences obstétricales compliquent le lien mère-enfant

Cette histoire est différente des précédentes. Tout d'abord, parce qu'elle n'évoque pas le suivi thérapeutique d'une patiente, mais un événement douloureux qu'a vécu l'une de mes plus proches amies, et auquel j'ai assisté en tant qu'infirmière. Cet événement n'est autre que son accouchement qui, marqué par une violence obstétricale, a rendu très difficile sa rencontre avec son bébé et son attachement à celui-ci. Ce moment a été le point de départ de ma reconversion en tant que consultante en périnatalité.

Céline et moi nous connaissons depuis la 5e et ensemble nous avons tout fait ! Un trajet en bus pour Caen nous a unies pour la vie. C'est elle qui m'a présenté mon mari, Jérôme, le jour du bac de français, nous avons passé ensemble nos premières vacances sans les parents, elle a été le témoin de notre mariage et moi du sien, nous nous sommes vues devenir mamans, moi d'abord, elle trois ans plus tard. Elle professeur des écoles, moi à la clinique, à tout au plus 20 kilomètres l'une de l'autre, notre amitié a abrité nos plus grands bonheurs et nos premiers chagrins de grandes. Bref, de nos fous rires en TP de physique et des petits mots glissés sous les tables à nos 43 ans, nous n'avons rien raté l'une de l'autre et pour tout cela, je l'aime.

Aujourd'hui, elle est mariée depuis dix-sept ans à Pierre, avocat fiscaliste, son « *phare dans la nuit* », a deux enfants, Mathias, 15 ans, et Noah, 12 ans, « *un projet de vie non négociable* ». Je vais vous livrer un pan de leur histoire, un acte en quelques heures qui a bouleversé la femme et la mère qu'est Céline et auquel j'ai assisté, aux premières loges. Ces événements ont été l'objet d'un mémoire pour mes études et, maintenant, je les inscris pour toujours dans ce livre, pour vous, pour elle, pour eux quatre et pour nous deux, en hommage à notre amitié indéfectible, à son assurance et à sa joie de vivre, en partie volées cet après-midi-là.

Avant le départ au bloc

Ce jour-là, il fait très beau. Sereine, Céline est bien installée dans sa chambre et se réjouit déjà de donner, bientôt, naissance à son enfant, par ce grand soleil. Elle qui est très sensible à la météo, elle y voit comme un signe.

« *Tout va bien se passer* », se dit-elle. Sa grossesse l'a épanouie, jusqu'au sommet de la puissance, de l'invincibilité, de l'amour inconditionnel et du bonheur absolu « *de porter un petit bout de nous en moi* ». Elle est à jeun en vue de la césarienne programmée (pour cause de bassin trop étroit), perfusée, mais aussi et surtout très souriante dans son lit. Elle est entourée de son mari et de moi-même. Je suis venue en tant qu'infirmière de ce service et « *ange gardien* ». J'assisterai à la naissance et donnerai son premier bain au bébé, souhait de la future maman. J'avais d'ailleurs eu ces deux privilèges lors de la naissance de Mathias, auquel je suis très liée. Oui, « *tout va bien se passer* », car elle a déjà eu une césarienne, elle adore son gynéco, elle adore être maman, elle adore son fils Mathias, tout est bordé, cadré, sous contrôle. Dans trente minutes, elle aura son bébé.

On attend tous les trois le brancardier, l'ambiance est légère, on rigole, elle est détendue, confiante et impatiente. Le futur papa est plus réservé et dans les starting-blocks. Quant à moi, je me sens responsable de ce couple et de ce très prochain trio : si elle accouche dans cette clinique, c'est parce que j'y travaille.

L'horaire de passage au bloc est décalé de deux heures, ce qui contrarie un peu notre entrain et le plan initial, mais le moment venu, c'est le sourire aux lèvres que Céline passe sur le brancard qui la mène au bloc où son enfant poussera son premier cri.

Mes collègues les attendent, échangent avec nous quelques sourires et mots d'encouragement. Le papa est prié de patienter, seul, sur un tabouret pendant que l'anesthésiste pose la rachianesthésie. Sage-femme, gynécologue et infirmière m'invitent à rester avec Céline pendant ce temps-là. L'anesthésiste, que je ne connais pas, s'y oppose : « *je ne veux pas que mon travail soit jugé par une infirmière* ». Je lance un rapide regard, qui se veut complice et rassurant (car je suis là pour ça) à mon amie puis m'éclipse... Céline ne comprend pas et sent que c'est un premier coup de poing dans sa confiance, ainsi ébranlée, « *ça vacille, je perds l'équilibre* ».

Je suis interloquée et surtout fâchée. Pourquoi prive-t-il sa patiente d'un soutien espéré et demandé ? Je trouve que ce médecin use à bien mauvais escient d'un petit pouvoir. Bref, je ne polémique pas pour ne pas attiser le feu et attends. Une vitre me sépare de son mari, il a l'air bien lointain, pensif, tendu et désemparé. Il est seul ; à quoi pense un papa dans ces moments-là ?

Enfin, l'heure est venue ! L'anesthésiste a piqué plusieurs fois, elle est prête, la voie est libre ! Son mari et moi entrons dans la froideur et l'austérité du bloc. Céline semble sereine et heureuse de nous retrouver et confie « *je bouge encore mes jambes* ». En silence, cela la stresse énormément. Son mari est assis près d'elle, penché au-dessus d'elle. J'essaie de me faire toute petite, c'est leur moment, le grand moment ! Elle a voulu ma présence, lui ne s'y est pas opposé, mais je préfère rester en retrait.

Je devine les yeux rassurants de l'obstétricien derrière son masque blanc. Ce médecin bienveillant et merveilleux m'a accouchée deux fois, c'est pour cela qu'elle l'a choisi cette fois encore.

Au bloc

« *Incision* », silence, puis une phrase : « *je sens, je sens tout, on me découpe sur la gauche !* », ose-t-elle. En silence, elle a peur. Tous nos yeux se braquent sur l'anesthésiste : « *c'est normal, vous allez tout sentir, mais vous n'allez pas souffrir* ». Par respect, par crainte de déranger, par discrétion, parce que c'est elle, Céline s'incline. Mais elle a déjà mal, je le sais, je le vois et elle ne le dira pas !

À cet instant, elle a mis un pied dans les enfers. Ce sont des râles, des gémissements, des larmes, un appel au secours sourd et resté sans réponse qu'elle a la force de laisser échapper. Céline se cabre littéralement sur la table d'opération et s'excuse. La douleur est indicible, insoutenable, intolérable. L'anesthésie ne fonctionne pas !

Par crainte de déranger, Céline se tait, mais elle a déjà mal.

Elle s'accroche au regard de son mari, à ma voix *« ça va aller ma chérie, tu es très forte »* et à ma main dans la sienne *« pour ne pas sombrer dans la folie de cette horreur, de cette boucherie insoutenable »*. Ce sont ses seuls repères pour ne pas quitter l'enveloppe de son corps et se dissocier. Je pèse mes mots, mais oui, mon amie est bien césarisée à vif, là sous mes yeux ! Et à cet instant, elle a peur de mourir et je suis enragée, mais obsédée par la force et le soutien que je dois lui donner. L'anesthésiste ne bouge pas une oreille et le chirurgien, par habitude de ne pas empiéter sur un terrain qui n'est pas le sien, ne fait aucun commentaire sur son travail.

Le chirurgien redouble de douceur et du coup il est lent, trop lent et ne parvient pas à extraire le bébé. Il persiste, car il veut tenir une promesse faite à sa patiente quelques jours auparavant. En effet, Céline a déjà subi une césarienne pour la naissance de son premier fils. Elle en garde un joli souvenir, mais regrette d'avoir été trop embrumée pour être tout à fait actrice de son accouchement. Elle s'en était ouverte à son médecin, il avait mesuré sa déception et avait promis que cette fois, elle aurait son rôle à jouer. Ainsi, il pense laisser sa patiente davantage actrice de son accouchement.

De son côté Céline ne hurle pas pour protéger son bébé, pas de scandale pour venir à bout de cette naissance. L'obstétricien tente un : *« POUSSEZ ! AIDEZ-MOI ! J'AI BESOIN DE VOUS ! »*, elle pousse. *« Quelle délicatesse il a eue »*, dit-elle aujourd'hui. J'enchaîne : *« allez, vas-y, pousse, pousse, tu vas le faire naître ! »*. Je vois qu'elle perd le contrôle, mais je veux qu'elle reste en contact avec nous en lui confiant ce rôle, sa corde de survie et Céline pousse encore. En prononçant ces mots, en fait, je pense déjà à la suite, à elle, à son enfant et aux premiers liens. Son mari respire pour elle, souffre avec elle, la couve des yeux pour qu'elle ne le quitte pas et ne sombre pas dans une folie passagère.

L'anesthésiste est toujours hermétique à tout ce qui se joue là sous ses yeux, il continue de rédiger des prescriptions postopératoires. Je suis consternée, atterrée, vidée, honteuse.

12 h 30 : « *Je l'ai !!!* » Soulagement ! Ça y est, Noah est né, il est là. Sonné, comme on dit dans notre jargon. Il est tout de suite évacué de la salle… « *Mes 4e sortent du cours de français* », pense-t-elle, comme pour se raccrocher à un nouveau repère qui la garderait en vie et ainsi fuir l'invivable. Adieu premier regard, adieu peau à peau, adieu projet de naissance, adieu bonheur ! Je pense à faire les photos demandées, quelques jours avant, de son bébé, au bout de son cordon, « *des photos qui m'ont offert par la suite toute ma place et ma légitimité de maman* », déclare Céline.

À cet instant, je prends les choses en main. Je propose au papa de sortir rejoindre son enfant, il en a assez vu et assez entendu ! Son bébé a besoin de lui. J'écris « propose », mais ça a plutôt l'écho d'un ordre… il sort. Là je m'assois à sa place et entoure mon amie de tout ce que je peux : mes bras, ma douceur, mes encouragements et même mes félicitations !

Le chirurgien amorce la dernière phase de la césarienne : la suture. L'anesthésiste est toujours plongé dans ses papiers et ses pensées. Une chose est certaine, il n'est pas avec elle et encore moins là pour elle. La suture commence ainsi, toujours à vif. Elle est épuisée, sans ressource, sans défense.

Maintenant c'est à mon regard qu'elle s'accroche, qu'elle résiste. Je n'en peux plus, tant pis, et c'est l'infirmière que je suis qui ordonnera : « *et si on l'endormait maintenant qu'il est né ?* ». Miracle, l'anesthésiste obtempère et même coopère ! Quelques bouffées de protoxyde d'azote et une injection plus tard, elle dort. Elle s'est endormie en pleurant… Je garde sa main dans la mienne pendant tout le temps de la suture, comme depuis le début. Je suis désolée ! Tellement désolée pour eux !

La sortie des enfers

Voilà c'est terminé ! Fin de l'intervention ! Elle va se réveiller… J'ai envie qu'elle dorme et qu'elle ne revienne pas à la triste réalité qu'a été la naissance de son enfant. Chaque naissance est unique, oui ! Chaque naissance peut être traumatisante, oui ! Mais pas comme cela, pas à cause d'une négligence humaine ! Cette dernière remarque confine, je le sais, au jugement de valeur, mais en dix ans, je n'avais jamais assisté à une telle violence et à une telle ignorance.

Le moment de son réveil est venu, mais elle ne réagit pas aux appels de l'anesthésiste. C'est quand à mon tour je lui dis : « *tu peux te réveiller* ». qu'elle ouvre les yeux et demande dans un souffle : « *mon bébé* ? ». Je la rassure, il va bien, il se remet, je le sais par une de mes collègues qui est venue me donner de ses nouvelles. Puis Céline s'excuse d'avoir gémi, pleuré, craqué. C'est bien elle, ça ! Mais au-delà de son tempérament résolument bon et optimiste, elle vient de mettre en place, là, sous mes yeux, un premier mécanisme de défense pour affronter ce traumatisme. En s'excusant d'avoir ainsi réagi, elle endosse une responsabilité qui n'est pas la sienne et minimise ainsi la réalité pour mieux la supporter.

Premier regard avec son bébé, elle ne ressent rien.

Elle passe en salle de réveil, vidée, éteinte, sidérée. Il est temps de réunir la famille : son mari l'attend avec leur bébé. Je les laisse. Il me semble primordial qu'ils vivent ces retrouvailles sans moi. Ils sont tous les trois et c'est le principal.

Vingt minutes plus tard, je reviens. Elle souffre, elle pleure. Premier contact avec son bébé, elle ne ressent rien. Sa douleur l'étreint tant qu'elle ne peut pas profiter de Noah. Elle le met au sein, seule. Je sais que ça la rend fière. Il tète, c'est un joli cadeau : « *ça m'a sauvée, car cela fait de moi une maman capable, on rattache le cordon qui vient d'être coupé* » et pourtant, à ce moment, je vois bien qu'elle est mal. Je pense aux bienfaits de l'allaitement maternel et compte bien sur le rôle étendu de l'ocytocine pour favoriser le lien mère/enfant. Ce n'est évidemment pas en ces termes scientifiques que je pense les choses sur l'instant, mais je me dis que ça aidera. Mais un voile vient assombrir son visage.

Elle le regarde et ses yeux disent : *« c'est qui, ce bébé ? ».* C'est celui qui est le responsable, l'objet de son traumatisme (la douleur extrême est une cause connue de traumatisme). C'est comme si elle ne le reconnaissait pas. Ce sentiment intense isole, culpabilise, démunit, écrase, blesse, rend honteuse et tenaille. Un paradoxe immense s'immisce en elle : « *entre l'impression d'avoir été reconnue comme maman et aimée par Noah et mon cœur sec, vide et béant* ».

Je lance le « jeu » des ressemblances pour l'aider et la rassurer. Et c'est vrai, ce petit homme ressemble à s'y méprendre à son grand frère, dont la naissance, à l'époque, pouvait se comparer à « *un tsunami d'amour* » ! Je pense que ceci représente pour elle une sécurité, une réassurance dans son rôle de mère. Je remercie la génétique.

Nous passons trois heures en salle de réveil, car l'équipe de suites de couches ne peut pas accueillir Céline, Noah et le papa. Ils sont en réunion. Je ronge mon frein... Depuis quand les staffs sont-ils prioritaires sur les patientes ? Trois heures pendant lesquelles je supplie l'infirmière et l'anesthésiste d'ajouter de la morphine à la prescription postopératoire (seul du paracétamol en intraveineux avait été prescrit !). J'y parviens, c'est une semi-victoire, il faudra bien plus pour soulager Céline de sa douleur. Son corps souffre, sa tête souffre, elle est choquée, sonnée, pensive, douloureusement absorbée et ailleurs !

Le retour dans la chambre

Vient enfin le moment du retour en chambre, ponctué d'un cynique : *« bon élevage ! »* de l'anesthésiste... comme s'il parlait d'un veau, comme pour montrer une dernière fois son mépris à ces nouveaux parents ! C'est odieux, je fulmine.

Céline est installée dans son lit et souffre toujours autant, voire de plus en plus. Elle n'a plus qu'une envie : être seule, qu'on lui fiche la paix. Certainement le besoin primaire de se terrer comme un animal blessé. Son mari est très en colère. Une colère froide, qui le ronge. Il part chercher Mathias pour lui présenter son petit frère et je reste avec mon amie en attendant.

Noah est dans son berceau, Céline me regarde et ne croit pas ce qu'elle vient de vivre : *« ai-je vraiment vécu ça ? C'était vraiment aussi terrible que ça ? »*. Elle continue de minimiser autant qu'elle peut ce qu'elle vient de ressentir pour se protéger. Elle pleure comme à la sortie d'un cauchemar. Inconsolable, en proie à une multitude de sensations et de sentiments. Je me tais, car parfois le silence est d'or. Je l'encourage juste à se reposer, je veille sur le bébé, car elle n'en a ni le courage ni l'envie et je contrôle l'administration des antalgiques que j'ai réussi à arracher à l'anesthésiste.

Mathias fait irruption dans la chambre. J'emploie volontairement ce terme, car elle a été comme ressuscitée par son arrivée. Elle sanglote entre la joie d'être quatre et l'horreur qui vient de se dérouler. Elle a soupiré un symbolique : « *mon bébé !* » en le voyant. Ce petit n'a plus rien d'un bébé, mais celui-ci elle l'a reconnu, elle l'aime du plus profond de son cœur, il l'a restituée dans sa réalité et sa légitimité de mère en un éclair. Elle est déjà la maman de ce garçonnet de 3 ans, mais pas encore celle du nouveau-né. Il lui faudra du temps.

D'expérience, je peux dire qu'une mère peut présenter un vaste éventail de réactions à la naissance de son enfant. Elle peut avoir une sorte de révélation en salle d'accouchement, comme si elle le connaissait déjà. Comme si le bébé imaginaire était celui de la réalité. Un coup de foudre en somme ! Ou bien elle peut rester sèche, paralysée, anesthésiée et surtout seule face à ce bébé qui arrive et qui ne ressemble en aucun point au bébé attendu et rêvé. Ou bien c'est un entre-deux. Ces réactions diffèrent forcément selon les circonstances de la naissance. Dans son cas, Céline doit non seulement accepter cet enfant comme étant le sien, mais aussi lui pardonner et se pardonner à elle-même. Puis viendra aussi et surtout le moment de l'acceptation de ce qui s'est passé. Pour ça il lui faudra du temps encore, beaucoup de temps.

Elle avait pourtant tout verrouillé pour que cela se passe mieux que la première fois. Elle avait rédigé un projet de naissance, nous en avions parlé, elle avait rencontré une amie sage-femme. Tout cela dans le but de faire connaître ses craintes et ses désirs. Elle contrôlait tout, tout le temps. Elle voulait que ce soit encore une fois le cas. Raté…

Après avoir pris de nouveau quelques photos qu'elle sera, dans un second temps, heureuse de découvrir, c'est une maman dévastée et qui a perdu le contrôle que je laisse, le soir venu, avec son mari et ses deux fils. En partant, je sais qu'elle aura très vite besoin de moi : je devrai être vigilante, efficace, réactive, professionnelle et empathique. « *En partant et en m'assurant que tu seras là pour moi, tu entrouvres la porte de la suite, de ce que je vais vivre et ressentir et je sais que tu seras là pour l'accueillir.* »

Je rentre chez moi, choquée. Très choquée. Je reste en contact téléphonique avec Céline, mais je suis discrète. Si elle a besoin de moi, elle sait que je viendrai à elle. Et sa demande ne s'est pas fait attendre, car dès le lendemain elle me demande de passer à la maternité. Je sais que c'est à ce moment que je vais avoir ma partie à jouer.

En miettes, mais prise en charge

Je la rejoins vers 20 heures avec mon pique-nique. Je la retrouve assise dans son lit. Je l'enlace, l'embrasse. Noah est dans son berceau, légèrement éloigné du lit. Elle est souriante, comme toujours, comme si rien ne s'était passé. Je m'assois sur son lit et commence à dîner. Ambiance familière et rassurante. On parle et elle me dit très vite : *« on n'a pas reparlé d'hier... »*. Je lui raconte l'histoire, ce qu'elle a vécu, ce à quoi elle a survécu, je l'interroge sur la colère de son mari, je partage aussi ce que j'ai ressenti, car elle me le demande, je la fais parler d'elle, de sa douleur physique puis de sa douleur psychique. Je reformule ses propos pour qu'elle les fasse siens en les entendant de ma bouche. Sur le ventre, elle a une cicatrice, dans le cœur et l'esprit, elle est blessée, saccagée, « *recousue à l'extérieur, déchirée à l'intérieur* ». Je veux l'aider. Tellement !

En tant qu'infirmière, j'ai toujours mis un point d'honneur à demander aux mamans : « *comment allez-vous ?* ». Et cette question attendait toujours une vraie réponse. Prenez le dossier de soin d'une jeune accouchée, vous y lirez :

— épisiotomie œdématiée : glace

— hémorroïdes : crème

— tranchées : antalgiques

— engorgement : conseils en lactation

— pleurs, fatigue, irritabilité : RIEN !

Certains soignants continuent de nier l'impact sans précédent d'une naissance sur une femme devenue mère. Je ne les blâme pas pour cela, mais je crois que nous avons tous beaucoup à gagner et à offrir en remettant nos pratiques en question. D'autres en ont conscience et mettent en place de nombreuses actions pour lutter contre la détresse, la solitude, la souffrance, les angoisses et les doutes de certaines mamans. En ce qui me concerne, cela m'a toujours paru prioritaire de les prendre aussi en charge psychologiquement. Quand leurs attentes me dépassent, je fais toujours appel à mon réseau de professionnels de santé, car l'union fait la force.

Copines de césariennes compliquées, j'ai le sentiment que cela me donne une capacité supplémentaire à l'entendre et à la comprendre. La confidence est toujours plus simple lorsque l'on sait que l'autre a vécu la même chose que soi.

C'est donc dans une totale transparence que je me permets de poser cette question, la question : *« et vis-à-vis de lui ? »* en désignant Noah de l'autre côté du lit. Sa réponse est douloureusement claire pour elle. Elle me répond dans un soupir, les yeux baissés : *« rien... je lui en veux et lui aussi, car il ne me regarde pas ».* Ce « rien » est à l'inverse de son instinct, de ses rêves. Dans ses termes, tellement durs à formuler, elle ne ressent rien pour lui, se sent loin de lui, l'évite, ne le sent pas. Elle ne veut pas de son enfant, car à cet instant, il la dérange.

Mais en réalité, Céline ne ressent pas « rien ». La simple façon qu'elle a de l'exprimer le prouve. Elle est en proie à une dualité de sentiments aussi forts que contradictoires : d'un côté, elle lui en veut d'avoir accouché dans cette douleur, mais de l'autre, elle souffre de cela et de se sentir loin de lui. Je vais tenter de l'aider à aller à sa rencontre.

Elle pleure, je la prends dans mes bras, la console encore et éponge autant que je peux sa souffrance ! Je sais à quel point elle souffre ! Et c'est justement parce qu'elle sait que je la comprends – *« en plus c'est ton métier, c'est toi tout entière qui décortique tout »* – qu'elle s'autorise à me dire si vite ce qu'elle ressent et vit. Ses émotions sont le reflet parfait des répercussions d'un accouchement traumatique sur les interactions précoces mère-enfant.

Le tout est de ne pas la laisser seule avec cela. Alors, je reste près d'elle et tout doucement, je l'encourage à me parler, très lentement, je m'intéresse à son vécu, l'écoute activement, respecte son rythme, puis interviens. Je la rassure. Elle a le droit de se sentir dans cette impasse, il est normal de penser ce qu'elle vient de dire : « *j'entends que j'ai le droit de ressentir ce vide* ». Normal et même prévisible, puisque comme elle le dit : *« Noah représente toute l'horreur que j'ai vécue ».* C'est salvateur de le verbaliser. En livrant ses sentiments, elle leur donne vie et revient ainsi à la réalité de ce qui s'est passé. Réalité qui peut la déculpabiliser de ne « rien » ressentir pour son bébé. Réalité qui permet aussi une reconnaissance solide de son statut de victime et ça, je sais que dans un second temps, ce sera gage de réparation.

Nous parlons longtemps. Nous repassons ensemble le film de la veille. Je sais que cet échange entre une patiente et une infirmière, mais aussi entre deux amies et deux mères, est précieux. Je rapproche le berceau du lit, je l'amène à le regarder, puis à le toucher. Ensemble, nous cherchons les points de ressemblance, encore : « *tu cherches à me relier à lui, dans une temporalité qui me respecte* ». Au fil des minutes, je la sens se détendre, se décontracter. Elle est soulagée, plus calme, apaisée. Noah dort paisiblement dans son berceau.

En route vers son bébé !

Je suis rassurée qu'elle ait accepté de déposer cette charge émotionnelle et ce ressentiment fort ce soir. Céline a mis vingt-quatre heures à exprimer l'indicible, ce qui lui a permis d'être prise en charge précocement et de se donner la chance de tordre le cou à sa souffrance.

Je lui propose de confier Noah aux puéricultrices et d'aller prendre l'air. Nous sortons fumer une cigarette, comme celles que nous fumions au lycée ou sur les marches de la mairie de la ville où nos parents habitaient. C'est important qu'elle prenne ce temps. Elle accepte, on sort, on décompresse, on rit. Je la sens plus légère.

Puis nous regagnons sa chambre en ayant pris soin de récupérer Noah. Je le prends dans les bras et exhorte sa maman à profiter de ma présence pour passer dans la salle de bain, avant la nuit. Un moment juste pour elle, c'est important. Elle s'enferme, je reste avec son bébé. Il pleure beaucoup maintenant. A-t-il compris que sa maman était prête ? Prête à l'entendre ? Alors je lui parle, le rassure lui aussi. Céline nous rejoint, souriante, toujours, et comprend vite que Noah a faim : « *je vais l'allaiter* ». Elle le comprend.

Elle tient son enfant, le regarde attendrie et elle entre alors en contact avec lui.

J'aide Céline à s'installer confortablement dans son lit, la materne un peu puis approche son enfant près de son sein. Il tète, il s'apaise. Elle aussi. Je me souviens de cet instant comme d'un passage de relais et je lui ai dit : « *voilà ton bébé, tu es prête, j'ai confiance, en toi, en lui, en vous, tu vas y arriver* ». Je sens qu'elle est bien, en passant de simple nourrice à maman, sa maman. La nuit est tombée, elle tient son enfant dans ses bras et le regarde, attendrie, comme si à cet instant, elle entrait en contact avec lui.

C'était émouvant à voir. Est venu pour moi le moment de les laisser à leur rencontre quelque peu différée, mais réelle. Je les embrasse, je pars, tout est calme. Dès le lendemain, Noah est surnommé « bébé bonheur » et douze ans plus tard, il lui ressemble comme deux gouttes d'eau. Elle a dit, en pleurant « *sa naissance et ma maternité ont ainsi été sauvées* ».

Céline a allaité son fils pendant huit mois, ce qui l'a beaucoup aidée à tisser le lien. La première année, elle a souvent exprimé le besoin d'entendre leur histoire. Je la lui ai donc racontée plusieurs fois. Leur lien est solide, elle note qu'elle n'a pas connu de fusion comme avec Mathias. Au contraire, avec lui c'est plus simple à gérer au quotidien : « *notre lien est ancré dans la douceur et la sérénité* ». Elle dit avoir accepté cette naissance et oublié la douleur physique, mais pas psychique. Ils vont bien « *à quatre, main dans la main dans le même wagon du grand huit de notre vie* ».

Quant à moi, je suis sortie grandie de cette expérience, mais aussi avide de nouvelles connaissances. C'est aussi pour cela que j'ai suivi deux diplômes universitaires en psychopathologie et psychologie périnatale. Ces enseignements m'ont confortée dans l'idée que l'attachement mère-enfant n'est pas une berceuse. Il n'est, en effet, ni évident ni automatique, pas toujours immédiat, parfois différé, mais toujours à créer ou à préserver et en lien avec l'histoire maternelle, la grossesse et les circonstances de l'accouchement. Il n'est jamais sans faille. Des failles, toutes les mères en ont, et je tente de les aider à les supporter, à les colmater ou à les transformer en atout.

Conseils

Comment se remettre de violences obstétricales ?

— **Faites-vous expliquer ce qu'il s'est passé :** cela permet de se réinscrire dans la réalité la situation vécue lors d'un accouchement. En effet, les patientes ont tendance à s'échapper de la réalité pour supporter la violence des actes, ce qui les conduit à douter de la véracité des faits. Sachez que vous avez le droit demander à voir votre dossier médical.

— **Dites ce que vous avez compris de la situation** : racontez comment vous l'avez vécue, détaillez vos émotions.

— **Faites reconnaître votre statut de victime** : par un soignant, un proche, un témoin de la scène... Ces témoins permettent de légitimer le caractère intolérable des violences vécues et ressenties.

— **Faites-vous prendre en charge psychologiquement rapidement** pour éviter un état de stress post-traumatique. Dans un second temps, il est possible de faire quelques séances d'EMDR, d'hypnose...

— **Soyez bien entourée** : comptez sur la vigilance de vos proches et des professionnels de santé. Privilégiez le contact avec votre bébé si cela peut vous apaiser : peau à peau, massage, portage, tout ce qui permet la libération d'endorphines et d'ocytocine, qui favorisent le lien maman-bébé.

« Arrêtons de faire passer des messages négatifs à des mères qui vont, peut-être, très bien passer le cap. »

Chloé

Chloé

Devenir maman après une histoire personnelle difficile

Souvent, ma sœur m'a parlé de sa coiffeuse, Chloé, enceinte de son second enfant, en proie à de très fortes nausées et terrifiée à l'idée d'accoucher, car elle a, lors de son premier accouchement, fait une hémorragie de la délivrance. Ma sœur lui avait donné ma carte de visite et il n'y avait plus qu'à attendre qu'elle soit éventuellement prête à m'appeler.

Deux mois avant la naissance de sa fille, Chloé est venue vers moi. Je l'ai reçue la première fois au cabinet. Elle avait un petit air de « *je suis là, mais je ne suis pas vraiment là* » et elle me demandait presque pardon de prendre de mon temps pour si peu. J'ai découvert une jolie jeune femme de 30 ans, arborant une magnifique chevelure blonde et un ventre aussi rond que sa silhouette était fluette, avec un mouchoir à la main, dans lequel elle crachait régulièrement car elle hypersalivait à longueur de journée. Derrière ce petit bout de femme, j'ai tout de suite senti l'immensité de ce qui reposait sur ses frêles épaules : son âme de guerrière, cette peur de déranger et le fait que tout et tous étaient plus importants qu'elle. L'amener sur le devant de la scène, donner du sens à sa démarche et l'autoriser à prendre soin d'elle allait s'avérer ardu.

L'oubli de soi au cœur de la problématique

Outre ce qu'elle évoquait en moi, j'ai appris lors des premières séances qu'elle était mariée avec Jean, qu'elle pouvait compter sur lui, que son fils Pablo avait deux ans et demi, qu'elle l'aimait « *jusqu'aux étoiles et l'au-delà* », qu'elle était coiffeuse à son compte et qu'elle travaillait beaucoup (trop) et tard le soir. Son rythme de travail effréné a été le premier point qui a attiré mon attention et sur lequel je l'ai invitée à réfléchir et à se repositionner. En effet, Chloé était à moins de huit semaines du terme et ne connaissait ni soirée ni repos ni week-end, répondait à ses clientes, à leurs nombreuses attentes et exigences, montait et descendait des escaliers avec sa valise de coiffure, enchaînait les kilomètres, les balayages, les couleurs, les coupes et les coiffures sans sourciller, sans se plaindre. Jamais ! Elle se sentait d'ailleurs « *fatiguée* », mais selon elle, il n'y avait rien à faire, c'était sans importance et sans conséquence. Tout en faisant mieux connaissance, je lui ai laissé un peu de temps pour mettre en place ce que je lui proposais en termes d'aménagement de planning, puis de congé maternité. Constatant rapidement que Chloé peinait à appliquer mes conseils, j'ai insisté et mis en avant le fait qu'elle avait besoin de temps pour se glisser pleinement dans ses dernières semaines de grossesse, s'imaginer de nouveau maman, préparer la chambre de sa fille Paloma, sa valise de maternité, profiter d'un repos plus que mérité, nécessaire et salvateur. Petit à petit, elle a plié, sans grande conviction, et j'ai lutté pour lui apprendre à ne pas accepter tous les rendez-vous au détriment de sa santé et de sa grossesse, pour qu'elle m'entende et accepte d'arrêter son activité lors du neuvième mois, pour qu'elle se concentre sur elle, ses émotions et sa famille. J'ai lutté et elle a résisté. Je luttais pour elle et elle contre elle-même. Bataille et temps essentiels pour me permettre de prendre en charge la raison principale qui l'avait conduite vers moi.

Un premier accouchement qui a activé sa peur de mourir

Comme je l'expliquais précédemment, Chloé a fait une hémorragie de la délivrance (dite aussi du post-partum) lors de la naissance de Pablo. C'est un saignement actif d'au moins 500 millilitres, qui, selon un rapport de l'Inserm « Mortalité maternelle en France » publié en novembre 2013, touche 5 à 10 % des femmes dans les 48 heures qui suivent la naissance. Un accouchement comporte souvent des imprévus qui peuvent devenir des urgences vitales, mais je souligne que dans 90 % des cas (comme l'explique la journaliste Marie-Hélène Lahaye dans son livre *Accouchement : les femmes méritent mieux* aux éditions Michalon, 2018), tout se déroule bien et que les corps médicaux et paramédicaux parent les 10 % restants avec force, rigueur et professionnalisme. Les mois suivants avaient plongé Chloé dans un épuisement extrême et un amaigrissement vertigineux. Elle avait alors perdu 30 kilos en trois mois et avait été mise sous antidépresseurs. Lors de nos premières rencontres, traumatisée par sa première expérience, elle a clairement exprimé sa « *peur de mourir en donnant la vie une seconde fois* ». Elle n'avait jamais eu peur de sa propre mort jusqu'à ce qu'elle devienne maman et avait découvert la puissance de ce nouvel amour qui « *prend aux tripes* ». Imaginer d'ailleurs que ses enfants puissent se retrouver sans elle constitue encore le berceau de sa plus grande angoisse. Devenir maman et être en proie à des sentiments aussi inattendus, alors qu'elle « *n'avait jamais joué à la poupée, n'appréciait pas les enfants, avait peur de ne pas aimer les siens, imaginait la maternité comme une catastrophe* », l'avait alors déroutée. Chloé ressentait même de la gêne lorsqu'elle embrassait et câlinait Pablo en public, car ces démonstrations d'amour ne correspondaient pas à ses représentations maternelles et à ce que sa grossesse peu épanouissante et sans grande révélation lui avait évoqué.

Cette fois-ci, elle se sentait déjà en lien avec Paloma, mais la peur de mourir était réactivée, très envahissante et violente, car Chloé n'avait jusque-là jamais eu l'occasion de revenir sur son premier accouchement traumatique. Je lui ai alors offert l'espace nécessaire pour parler et accueillir son récit, ses souvenirs et ses stigmates. C'était un premier soulagement. Restait à lui offrir le temps de soigner sa peur. Je lui ai d'abord dit qu'elle était « normale » de la ressentir (ceci peut sembler anodin, mais il est très précieux et rassurant de se sentir dans une certaine normalité). Puis je l'ai encouragée à choisir, en confiance, l'établissement dans lequel elle donnerait de nouveau la vie et de privilégier le plateau technique à toute autre considération. Elle hésitait encore en toute fin de grossesse entre son hôpital de secteur, qui risquait, faute de place le jour J, de la transférer, et la clinique dans laquelle son gynécologue exerçait. Elle était inscrite dans les deux. J'ai remis entre ses mains la décision, en la soutenant avec une consultation dédiée à bien détailler le choix qui s'offrait à elle. Choisir a été compliqué pour elle. Elle a décidé de suivre son médecin qui l'assurait de sa présence le jour de la naissance. Elle bénéficierait également des meilleurs équipements. Ensuite, je lui ai conseillé de poser toutes les questions médicales aux professionnels de la maternité, car la peur s'apaise toujours lorsque tout est énoncé clairement et simplement. Enfin, je lui ai proposé de prendre rendez-vous avec une sage-femme acupunctrice qui a toute ma confiance pour continuer à libérer son traumatisme. Elle avait accepté puis oublié de se rendre au rendez-vous, tant elle n'avait pas l'habitude de prendre soin d'elle. Pour se pencher sur tout cela, elle avait bel et bien besoin du temps que je l'avais exhortée à dégager. Au terme de sa grossesse, sa peur était toujours tapie en elle, mais elle avait hâte de rencontrer son bébé. Pendant une de nos consultations, fin août, Chloé s'est mise en travail et nous avons noté ensemble la fréquence de ses contractions. Je n'oublierai jamais quand je l'ai vue quitter le cabinet pour la maternité.

Quand le corps traduit une souffrance étouffée

J'ai retrouvé Chloé trois semaines plus tard, accrochée à Paloma, ou Paloma accrochée à elle. Elle la dévorait de baisers et d'amour malgré la violence de son accouchement et l'hémorragie cataclysmique qui l'a conclu une seconde fois. Chloé a évoqué alors qu'elle « *avait eu peur sur le coup* », mais avait une volonté affichée de mettre un voile dessus pour avancer. Une fois seulement, elle m'a confié être triste et a laissé échapper quelques larmes avant de déclarer, une semaine plus tard : « *ça va, c'est fini, je vais mieux* ». Mais sa courageuse volonté n'a pas suffi et elle a été presque mise à terre par son corps, qui, lui, ne comptait pas se taire. D'abord Chloé a souffert de diarrhées et de maux de ventre insoutenables pendant plusieurs semaines. La course aux médecins et aux laboratoires, à laquelle j'ai contribué pour la sortir au plus vite de ses souffrances (être infirmière m'aide chaque jour pour entrer facilement en contact avec les professionnels de santé), a finalement permis de conclure à la présence d'une bactérie dans ses selles. Mise sous antibiotiques pendant plusieurs semaines, ses symptômes ont cessé pour laisser place à d'autres, tout aussi usants. Chloé a fondu comme neige au soleil, sous mes yeux, malgré l'intervention d'un nutritionniste : 38 kilos, c'est le triste record affiché sur la balance. Elle ne se supportait plus, se trouvait laide, était épuisée. Mais elle continuait, ne s'arrêtait jamais, s'occupait des enfants et travaillait de nouveau. Plus elle en faisait, plus elle disparaissait, mais elle ne cessait de répéter : « *ça va Barbara, je te promets, je ne suis pas triste, je vais bien* ». Et c'était vrai : mis à part ce corps qui criait à l'aide, Chloé ne présentait aucun autre symptôme. Incroyable, je n'en revenais pas et je ne comprenais pas. Des sueurs nocturnes intenses commençaient aussi à la priver de ses nuits, déjà hachées par quelques biberons. Trempée, elle ne retrouvait pas le sommeil et recommençait ses journées comme si de rien n'était. Selon moi, ses sueurs nocturnes étaient le témoin de violentes angoisses qui ne pouvaient s'exprimer que la nuit puisque la journée, elle luttait pour ne jamais avoir accès à ses émotions. Je lui conseillais de se détendre un peu avant de s'endormir, ce qu'elle faisait en prenant un bain.

Sa dépression était muette psychiquement et ne s'exprimait que par son corps.

Les fêtes de Noël, le Covid puis la gastro pour sa famille ont eu raison de ses dernières forces. Chloé a touché le fond et a été, comme la première fois, mise sous antidépresseurs et anxiolytiques par un psychiatre pour une dépression du post-partum, sur les seuls symptômes de sa perte de poids incontrôlable (alors qu'elle s'alimentait bien) et de son épuisement. Sa dépression était différente de toutes celles que j'avais connues en exerçant. Elle était muette psychiquement. En effet, Chloé n'a jamais évoqué la moindre souffrance psychologique, tristesse, idées noires ou suicidaires.

Elle n'a jamais été ralentie, a toujours eu du plaisir à travailler et à retrouver ses enfants le soir. Sa dépression n'était visible qu'à travers la déchéance de son corps. Elle n'a d'ailleurs pas compris comment cela a été possible. Je lui ai souvent expliqué que chaque individu formait un tout, une unité regroupant le corps, le cœur et l'esprit. Si l'une de ces trois composantes flanche, l'équilibre est menacé. Dans ce cas, il faut prendre en charge le tout et pas seulement l'élément qui crée du désordre. C'est en ce sens que mon accompagnement s'est poursuivi. Chloé était devenue l'ombre d'elle-même. Je continuais à la voir une fois par semaine.

Un ralentissement salvateur

En premier lieu, il a fallu la mettre au repos complet. Plus de clients, plus de contraintes, mais des journées entières à dormir. Je l'ai vue, enfin, appliquer à la lettre mes conseils, « *je suis droite : si tu me dis de faire, alors je fais* », car elle avait de nouveau peur pour sa vie et craignait que derrière son amaigrissement se cache une maladie grave. Oui c'était grave, non, ce n'était pas un cancer comme elle le pensait, mais une dépression, qu'il fallait soigner en prenant des médicaments, mais aussi en acceptant de réorganiser son quotidien. Ceci allait à l'inverse de sa croyance. « *Le traitement suffira à me faire reprendre du poids.* » Faux ! Il fallait qu'elle apprenne à compartimenter ses journées, à organiser son temps de travail, à demander de l'aide, à ralentir, à jouer avec ses enfants à la maison et ne pas les trimballer forcément à l'extérieur pour les occuper, à apprivoiser son domicile comme un cocon, un lieu ressourçant. Et à ne pas confondre repos et inaction, ce qu'elle ne supporte pas. Se reposer en lisant, en écoutant de la musique, en réalisant une activité manuelle, en se maquillant, en se faisant une manucure, en regardant une série : c'est possible ! L'esprit se repose, donc le corps se détend et le cœur est en paix. Quelle affaire de lui faire intégrer cela ! Le conseil qui l'a le plus portée en cette période a été celui de dormir le matin et de se réveiller spontanément, même tard, voire très tard au début. Elle l'applique toujours et cela fait partie de son nouveau rythme de vie : aucune ou une seule cliente le matin. Elle a appris à s'économiser, à s'écouter un peu et à réaliser qu'elle pouvait « *avoir besoin d'aide* ». Oui, elle a aussi dû accepter l'aide de son mari, de sa grand-mère, de sa maman, de la nounou.

Mais qu'est-ce qui a conduit ma patiente à une telle extrémité ? Qu'est-ce qui l'avait poussé, une nouvelle fois, à aller au bout d'elle-même ? Pourquoi Chloé n'avait-elle jamais accès à ses émotions ? Pourquoi avait-elle tant de difficultés à faire attention à elle, au point même de se mettre en danger ? L'accompagnement se poursuivait et alors que j'insistais sur la reprise d'un moyen de contraception depuis plusieurs mois, Chloé m'a dit :

« Tu crois que c'est normal que je n'aie pas mes règles ? ». Un test de grossesse positif plus tard, la vie s'était installée au creux d'elle, en jachère, silencieusement, comme toujours. Poursuivre cette grossesse était dangereux, compte tenu de sa santé et de ses antécédents. Alors Chloé a avalé, le jour de ses 30 ans, un cachet pour y mettre fin, dans la solitude la plus totale, ne voulant dépendre de personne, comme pour se punir d'avoir décidé de protéger sa vie, et donc celle de Pablo et de Paloma, avant tout. Elle s'est cachée comme un animal blessé, en répétant *« j'ai tué mon enfant ».* Je l'ai aidée et soutenue, j'ai tenté de la déculpabiliser. Pour ce bébé, elle a allumé une bougie et planté un arbre qui grimpe, lui aussi *« jusqu'aux étoiles et l'au-delà ».*

Quand un abandon précoce résonne sur sa propre maternité

Je l'accompagnais déjà depuis neuf mois lorsque le puzzle de son histoire a enfin pris forme. Chloé a alors entamé une vraie prise de conscience qui l'a conduite vers la guérison. Neuf mois : une durée qui résonne comme sa propre mise au monde, mais aussi comme un temps nécessaire, consacré d'abord à la mise en place urgente de son traitement et d'actions pour la sauver. Mais aussi neuf mois pour que Chloé me fasse entièrement confiance et admette qu'elle devait se livrer pour mieux se comprendre et opérer ainsi des changements dans son quotidien. Son IVG récente et la douleur psychique associée l'ayant encore davantage mise au pied du mur, elle était, maintenant, capable de laisser tomber les dernières barrières. Cela m'a soulagée autant qu'elle, car j'en avais assez de tourner autour du pot, malgré les pistes sur lesquelles elle me mettait parfois. Tant que ce n'était pas clair pour moi, j'avais l'impression de ne pas lui apporter ce qu'elle méritait de recevoir. J'ajouterai aussi qu'il est primordial d'attendre le bon moment pour déterrer l'histoire personnelle douloureuse d'une patiente et que le temps de la grossesse ou du post-partum immédiat ne l'est pas forcément. Le moment de réaliser que ses problématiques pouvaient aussi prendre source dans son passé était arrivé pour Chloé.

La clé de son mal-être résidait en son histoire personnelle.

Évidemment, ses deux accouchements traumatiques et l'épuisement extrême qui les a accompagnés ont participé à l'installation de ses dépressions muettes et insidieuses. Mais la clé qui allait expliquer et donner du sens à son mode de fonctionnement délétère résidait dansson histoire personnelle et son enfance sans papa et auprès d'une maman pour qui elle « *n'était pas la priorité* ». Il manquait des racines solides à son arbre de vie : celle de son papa d'abord, puis celle de sa maman, parfois défaillante. Chloé a été abandonnée par son père et rejetée, un temps, par sa mère. Si un enfant ne se sent pas être la priorité de sa mère, de celle qui est censée représenter la figure d'attachement principale, alors il ne se sentira être la priorité de personne et encore moins de lui-même à l'âge adulte. Il ne s'agit pas ici de porter le moindre jugement sur sa maman, qu'elle décrit comme « *excessive et généreuse* » et de qui elle dit être « *très proche aujourd'hui* ».

Son père a quitté sa mère quand elle avait 6 mois. Sa maman, une femme courtisée et séductrice était peu présente, capable du pire comme du meilleur. Chloé se souvient des nuits douces passées dans ses bras, mais aussi de ces nuits, seule, sa maman dans les bras d'un homme et qui n'avait alors pas de temps pour elle. Comme cette nuit où elle a puni Chloé, dehors, les pieds dans la neige et mouillée de son pipi. Chloé a passé beaucoup de temps chez ses grands-parents, grâce auxquels elle a construit ses plus doux souvenirs de balançoire et de vélo, dans une ambiance « *calme et juste* ». Elle leur en est très reconnaissante et les remercie « *d'avoir été là* ». Grâce à leur ouverture d'esprit, elle est devenue celle qu'elle est. Elle reconnaît qu'« ils *ont comblé un bout de ma mère, mais pas la totalité* ».

Entre 13 ans et 16 ans, Chloé avoue avoir traversé une phase de rébellion, sans cadre parental, sans horaires. Son père lui manquait, elle appelait à l'aide à sa manière, mais se sentait seule et surtout pas attendue, pas désirée. Elle parlait mal à sa mère et faisait de « *nombreuses bêtises* », ce qui a conduit un soir cette dernière à jeter sa fille dehors avec sa valise et à ponctuer cette action d'un « *quelle conne !* ». Chloé a pleuré, a assumé le choix de sa mère et est partie. Elle a pris un train de banlieue, s'est réfugiée chez son petit ami puis chez son tonton, chez qui elle a retrouvé quelques limites sécurisantes.

Deux mois plus tard, sa mère, qui avait peur qu'elle fasse de mauvaises rencontres ou qu'il lui arrive malheur, lui a demandé de rentrer. Elle a obéi. À 18 ans, cette fois, c'est Chloé qui fait sa valise pour aller vivre sa vie d'adulte et devenir femme et mère.

C'est ainsi que Chloé s'est construite, indépendante coûte que coûte, fonceuse, déterminée, impulsive. Par deux fois détruite en taisant ses ressentis, en ne comptant que sur elle-même, en ne faisant confiance qu'à elle-même, en ne demandant jamais d'aide à personne, en ne voulant déranger personne, en s'effaçant, en s'épuisant, elle a grandi et s'est perdue.

À l'inverse de sa maman, Chloé a cru qu'être une bonne mère pour ses enfants était d'aller au bout d'elle-même et de ses forces, de repousser ses limites, toujours trop loin. S'oublier pour réparer, les aimer, gagner de l'argent et qu'ils ne manquent de rien, s'en occuper, les rassurer, s'oublier toute entière pour eux tout entiers !

« *J'ai compris que je donnais trop à mes enfants et que je m'oubliais !* » a été la révélation de son accompagnement et lui a permis de désacraliser sa mission et de prendre dès lors la place d'une maman qui fait juste et tellement de son mieux.

Dans le même temps, sa maman lui a présenté ses excuses en reconnaissant « *ses erreurs, son comportement affreux et ses propos inappropriés* ». Elle lui a demandé pardon. Chloé entend ses déclarations d'amour qu'elle trouve « *mignonnes* », mais ne souhaite pas lui faire cadeau des siennes « *pour lui rendre un peu la monnaie de sa pièce* ». Elles savent qu'elles s'aiment, elle lui confie Pablo facilement, parfois Paloma, sait qu'elle peut compter sur elle, et pour elle c'est suffisant.

Elle voit parfois son père, à qui elle dit ressembler, car « *il est passionné par son travail* ».

Aujourd'hui, Chloé va mieux, pèse 45 kg, dort toujours le matin, a installé son salon de coiffure dans sa nouvelle maison (ce qui lui évite de trop nombreux trajets), est toujours sous traitement (trouver le bon a pris beaucoup de temps), demande parfois de l'aide, car elle a appris en avoir besoin, même si ses vieux réflexes rôdent. Elle s'est sentie gentiment recadrée et domptée, à travers ce suivi qui a duré douze mois. Se sentir en confiance avec son thérapeute ou son consultant en périnatalité est essentiel pour aller au bout de sa prise en charge et se donner la chance d'aller mieux. Si vous ne vous sentez pas à l'aise avec la personne qui vous accompagne, n'hésitez pas à en changer, même en cours de route. Le plus important est de vous sentir libre de vous exprimer et non jugée.

Dompter Chloé, c'était gagner sa confiance et obtenir d'elle un rééquilibrage pour l'amener à prendre enfin soin d'elle et de ses émotions, dans le but de reprendre son envol ! C'est chose faite, l'oiseau s'est envolé !

Conseils

Reconnaître sa grossesse psychique

— **Être enceinte, ce n'est pas seulement porter son bébé dans son ventre**, c'est aussi le porter dans sa tête et son cœur.

— **La grossesse est un moment pivot de votre vie** faisant généralement ressurgir plus ou moins intensément votre propre histoire. Si celle-ci s'est avérée difficile ou douloureuse, particulièrement dans votre enfance et donc dans votre relation avec vos parents, des angoisses et/ou des traumatismes peuvent se réveiller. Cela s'appelle la « transparence psychique », concept décrit par la psychiatre Monique Bydlowski.

— **Il est peut-être compliqué de se sentir sereine dans son futur rôle de mère.** Selon moi, il est essentiel d'y prêter attention et d'éviter de mettre un couvercle dessus. Pour accompagner ces remaniements, n'hésitez pas à vous rapprocher d'un praticien.

« Prenez le temps de vous découvrir
à deux ou à trois, surtout
les trois premiers mois. Votre enfant
doit grandir avec l'idée qu'il peut
vous solliciter et compter sur vous.
Écoutez-le, faites comme vous le sentez,
agissez avec sincérité et ne projetez pas
vos craintes d'adultes sur lui.
Acceptez d'apprendre grâce à lui ! »

Alexandra

Alexandra

Quand la maternité fait naître une philosophie de vie

La tendresse est le sentiment qui s'empare de moi au moment où je m'apprête à vous présenter Alexandra, âgée de 36 ans, une de mes amies. Elle n'a jamais été ma patiente, ni en tant qu'infirmière ni en tant que consultante en périnatalité (l'un n'allant finalement plus sans l'autre). Mais elle a toute sa place dans ce livre et plus encore, car elle incarne, selon moi, une philosophie de vie qui lui permet de transmettre à sa fille un élixir : le goût du bonheur.

C'est cette maman que je vais vous raconter, car avec Alexandra, plus qu'une histoire, c'est bien une maman qui se raconte et un message qui se délivre, qui se partage et qui remplira, je l'espère, vos âmes et vos cœurs. En ce qui me concerne, j'ai senti mes ailes se déployer, après l'interview qu'elle m'a accordée, puissante, solaire et généreuse comme elle. Une ode à la vie.

C'est une femme qui s'est dessinée puis qui s'est sentie devenir maman : pas à pas, sur un chemin initiatique, subtilement, tendrement, toujours en prise avec l'essentiel et avec son sens aigu de la maternité, qui n'a fait que grandir, au fil des étapes et de son expérience.

Une conception anxiogène

Son mari Simon a toujours voulu devenir père. Elle, de son côté, a voulu devenir mère, car c'était lui. Ensemble, ils se sont lancés dans la grande aventure qui allait leur réserver une épreuve où le temps ne semble jamais s'arrêter. Alexandra a beau être patiente, cela paraît toujours trop long quand un couple désire un enfant. Elle reconnaît toutefois qu'ils n'étaient pas très regardants sur les dates d'ovulation et sur les moments les plus propices pour concevoir un bébé. Son mari Simon, plus impatient, m'a dit après quelques mois d'essais infructueux : « *je ne suis même pas capable de faire un bébé* ». Touchée, j'ai compati et j'ai tenté de le rassurer. Je me suis aussi souvenue de ces phrases que j'avais entendues trop souvent… « *ton mari a perdu le mode d'emploi ?* », « *alors, c'est pour quand ?* »… De vraies perles, ces boulets de canon.

Pour tromper son empressement légitime, Simon s'est lancé dans un immense projet en commençant par demander Alexandra en mariage. Une fois mariés, ils ont repris le chemin de leur désir. Malgré cela, il leur a fallu attendre encore un an, durant lequel ils ont gardé le silence et leur peine. « *J'étais angoissée, je pensais que je n'aurais jamais d'enfant, mais il était plus simple d'être triste seule ou devant une psy qu'avec un proche pour ne pas avoir à en parler tout le temps.* » Alexandra a choisi le silence comme contenant à sa tristesse, ce qui lui ressemble et reste un moyen comme un autre de se préserver, ainsi que son couple. Cette attente est bel et bien une épreuve qui semble interminable et douloureuse, mais qui est parfois nécessaire, ne serait-ce que pour parfaire son désir et être pleinement prêt.

Un rendez-vous avait été pris pour débuter les nombreux examens de fertilité, au troisième jour du cycle. Alexandra attendait cela avec impatience, mais ses règles n'arrivaient pas, ce qui la contrariait beaucoup. « *J'avais certes des cycles longs, mais cette fois j'ai bien pensé être ménopausée.* » Simon, sensible et intuitif, l'a mise sur une tout autre piste : « *Si ça se trouve, tu es enceinte !* » et en riant elle ajoute : « *C'est lui qui m'a fait réaliser que j'étais enceinte.* »

Cette déclaration est d'une force inouïe dans la mesure où elle vient tout dire de la force de notre esprit et des messages qu'il accepte ou non de laisser filtrer. J'ose un parallèle singulier avec le déni de grossesse partiel ou total. Lorsqu'une femme apprend sa grossesse ignorée d'elle-même, alors celle-ci apparaît : son ventre sort, elle sent les coups du bébé et elle ressent quelques maux de femme enceinte. Elle réalise alors son état, la grossesse s'inscrit dans la réalité, ce qui reste très éprouvant et violent. Ce mécanisme peut, dans une bien moindre mesure, se vivre lorsque des essais de conception sont si longs et décevants que l'angoisse, le scepticisme et le doute prennent le pas sur l'espoir.

Alexandra avait posé un voile sur la possibilité d'être enceinte et son mari, grâce à ses mots, lui a rendu la vue, le discernement et même l'évidence. « *J'ai fait un test de grossesse seule, je savais qu'il serait positif et il l'était.* » Cette évidence ne l'a plus jamais quittée, « *j'étais hyper contente, soulagée, maintenant que j'étais enceinte, c'était normal* ».

Une grossesse toujours en osmose

La grossesse s'est déroulée sous le signe de la connexion qui a été renforcée grâce au confinement. En effet, Alexandra a profité du télétravail et de la vie qui ralentissait pour écouter ce qui se tramait au creux d'elle et créer leur bulle : « *je faisais tout avec mon bébé, je lui parlais dans ma tête, surtout la nuit* ». C'est vrai que la nuit peut devenir un temps d'échange privilégié, justement hors du temps, lorsqu'une femme est enceinte. Non seulement cette vie reculée de tous et de tout venait répondre à son besoin d'osmose, mais aussi à son caractère silencieux et casanier. Elle se trouvait donc dans des conditions optimales pour créer du lien avec son bébé, « *c'était une chance folle de pouvoir le vivre ainsi et à la fois ça me semblait normal d'être si épanouie et en lien avec lui* ».

De plus, Alexandra avait à cœur d'inclure Simon dans cette aventure toute en harmonie et, ensemble, ils se sont dirigés vers l'haptonomie. Fiasco ! Il est certain que cette pratique qui permet, par le toucher, d'entrer en contact avec le futur bébé, a de grandes vertus et de nombreux adeptes, mais dans ce cas, c'était presque redondant. « *Nous n'avions pas besoin de ça, mais on se demandait si nous n'avions pas loupé quelque chose.* » Selon moi, chacun vit son expérience et il est toujours bon de se demander si la préparation à la naissance choisie correspond bien à un besoin profond et personnel plutôt qu'à une mode. Ils ont décidé de ne pas poursuivre.

Une confiance dans ses intuitions

Toute à son bébé et à sa joie, Alexandra ressentait que celui-ci était perméable à ses émotions et qu'il le lui faisait savoir. Lors d'une échographie, un médecin remplaçant a évoqué une boule dans le ventre du bébé et dit : « *si c'est toujours là après Noël, alors on fera un accouchement en urgence* ». Outre le fait qu'elle déplore que le pan psychique de la grossesse ne soit pas suffisamment considéré par certains soignants – et je la rejoins sur ce point –, elle se souvient du choc que ces quelques mots ont incarné. Malgré son inquiétude, elle est parvenue à garder confiance et à ne pas oublier que selon elle « *tout allait bien* ». Lors du contrôle suivant, les images ont parlé d'elles-mêmes : la boule n'était que la vessie pleine du bébé. Une fois rassurée, la future maman n'avait plus qu'une envie : partir et retrouver son cocon, à tel point que sous la sonde d'échographie, elle a vu son ventre se déformer, comme si son bébé allait en sortir pour dire « *casse-toi, avec ta sonde !* ». En somme, « *mon bébé et moi en avions marre tous les deux !* ».

Alexandra a développé pendant toute sa grossesse une aptitude très fine à prendre le temps de le voir grandir en elle, le ressentir, s'assurer de son bien-être et le deviner. « *Je savais que c'était une fille, je disais "elle" avant de le savoir, je pensais "elle".* » Grâce à cette faculté, elle a pu se diriger tranquillement et à son rythme vers son accouchement.

Une naissance voulue sans péridurale

Un accouchement qu'elle a choisi de traverser avec Simon et sans péridurale, ce que j'ai compris et encouragé, lorsqu'elle m'en a parlé, autour d'un thé. En effet, je la sentais alignée, prête et concentrée.

Le jour J est arrivé et Alexandra et Simon se sont présentés à la maternité. En pleines restrictions sanitaires, les futurs parents ont été séparés le temps que le travail s'installe vraiment. Elle s'est retrouvée seule, « *je me laissais guider par mon corps, j'étais shootée, les genoux et les coudes sur le lit au point de les brûler* ». Menée par la douleur certes, mais aussi par une certaine animalité salvatrice qui allaient la conduire vers sa fille. Une fois en salle d'accouchement, Alexandra a été rejointe par Simon et la sage-femme l'a perfusée et mise sous monitoring pour surveiller la régularité et l'intensité des contractions utérines ainsi que la fréquence cardiaque du bébé. « *Quand on m'a branchée, tout a ralenti, j'étais fatiguée, je n'avais plus de forces, c'était long.* » Alexandra allait alors chercher un dopant supplémentaire : l'odeur de son mari, qui la stimulait autant qu'elle la rassurait et la guidait.

J'ai souvent constaté qu'un petit rien pouvait enrayer la détermination, la confiance et la concentration d'une future maman qui accouche sans péridurale. Et je pense qu'il est important de veiller à leur laisser une part d'autonomie puisqu'elles vivent et sentent dans leur chair ce qui est propice à la naissance. Jongler entre sécurité, protocoles et projet de naissance est un métier que j'admire et respecte profondément : celui de sage-femme.

Pour la phase finale de cette traversée, le bébé a eu besoin d'un petit coup de pouce, dit « ventouse », pour lui montrer la route. « *Je crois que ma fille n'avait pas envie de sortir et moi je n'ai pas ressenti cette fameuse envie de pousser.* » À l'image de sa maman, Rachel, puisque c'est son prénom, laisse les événements venir à elle. Comme toute la famille se portait bien, la sage-femme leur a offert le temps de se découvrir, en silence, simplement, « *j'étais ultra contente de la voir, ses mains en particulier, mais j'étais épuisée, je n'avais plus de jambes* ».

C'est une fois dans sa chambre, seule avec sa fille dans un calme d'or, qu'Alexandra l'a rencontrée, a savouré leurs premiers regards et échanges, « *j'ai aimé ce moment, je ne voulais plus la quitter* ». Le séjour à la maternité a été marqué par la naissance de leur jeune famille et la volonté d'indépendance d'Alexandra, qui restait alors en droite ligne avec son tempérament, mais aussi sa grossesse et son accouchement : elle a pu avancer en confiance et à son rythme, « *je n'avais pas à me rattacher à des papiers, des notes et des horaires, je ne me rattachais qu'aux signaux de ma fille* », et prolonger la grossesse à l'extérieur de son ventre. Il s'agit de ce qui est appelé aujourd'hui « le quatrième trimestre de la grossesse ».

Une relation qui s'équilibre à trois

C'est avec un sens immense des responsabilités qu'Alexandra s'est installée dans la période post-partum et dans son rôle de maman, mais aussi avec un naturel qui lui aura permis de rester dans la bulle qui ne l'avait pas quittée depuis neuf mois. « *J'étais la référente à cent pour cent de mon bébé et ça m'allait très bien, malgré quelques peurs, comme tomber avec elle dans les escaliers, qui parfois me parasitaient.* » Depuis lors, Simon n'a jamais cessé de veiller sur elles, en étant attentif à ne pas se mettre trop de pression, en se raccrochant à l'aspect naturel de sa paternité et en s'assurant toujours que sa femme ne manquait de rien. Alexandra concédant que « *la phase nourrisson n'était pas la phase favorite de mon mari, car il n'était pas à l'aise* ». Alexandra avec Rachel, Simon à l'intendance (courses, ménage, vie sociale), « *heureux de voir que je m'occupe bien d'elle* », et à trois le plus souvent possible pour créer leur famille. C'est bien que chacun puisse occuper le rôle dans lequel il se sent le mieux, en prenant le temps de se découvrir parent et plus encore de découvrir son bébé, en le sentant, le regardant, l'écoutant, le touchant, l'embrassant, en mettant chacun de ses sens au service de ce tout-petit.

« Décoder mon bébé était mon unique objectif. »

Une famille, des parents ont besoin de temps pour naître, se comprendre, s'analyser, s'accepter, compter les uns sur les autres, endurer la dépendance d'un nouveau-né. « *Décoder mon bébé, c'était mon objectif et c'est compliqué le langage bébé, ça me demandait une énergie folle, une vigilance de chaque instant, mais invisible, que seul Simon reconnaissait.* » C'est un travail titanesque, parfois difficile, voire douloureux. Simon ajoute : « *le plus important pour mon bébé, c'est mon temps de partage avec elle, le reste elle s'en fiche* ». Dans une société où tout va trop vite tout le temps (à commencer par le congé maternité), il est capital de s'offrir cet espace, de le vouloir, de le créer, de l'agrandir et de se concentrer sur lui, avant toute chose. C'est plus envisageable lorsqu'un seul enfant réclame soins, disponibilité et amour. L'équilibre est à revisiter, à réinventer après chaque naissance, au sein de la même famille. À leur façon, Simon et Alexandra ont fait équipe pour se faire ce cadeau et constatent aujourd'hui que le quotidien s'équilibre différemment et tout en sécurité, car Rachel a 18 mois. « *Nous sommes en accord, c'est un super papa, nous aimons retrouver nos soirées à deux et parfois nos amis, même un week-end.* »

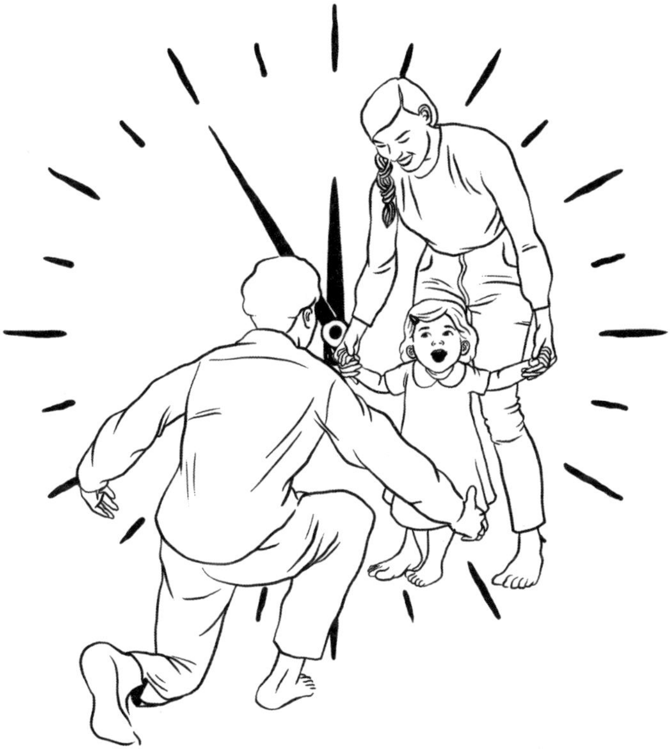

La naissance d'une philosophie maternelle

Alexandra, comme une très grande majorité de parents, cherche à protéger sa fille de ses émotions, elle ne veut pas la contaminer, elle veut préserver son enfance, sa candeur, sa douceur, mais sans lui mentir : « *je ne me force pas à ne pas être triste ou énervée, mais je sais que ces moments passeront, car j'ai trop de trucs top à partager avec elle comme jouer, la câliner, la découvrir et alors ça prendra le pas sur le reste, qui est futile par rapport à ma mission de bonheur pour elle.* » Exception faite pour la joie bien sûr, qui se diffuse et se transporte allègrement ! C'est un élan à soutenir même si cloisonner n'est pas aisé... Poser des mots simples et vrais sur ce que vous, parents, vivez, pensez, ressentez, soulage souvent les bébés, car ils savent. Ils savent toujours et parfois même avant vous. Il n'est pas souhaitable de leur cacher vos moments de vulnérabilité. Vos mots, votre intention, l'intonation de votre voix participent souvent à mettre en lumière ce qu'ils devinaient. Il ne s'agit pas de les encombrer d'un fardeau ou de projeter sur leurs petites têtes vos ressentis, mais juste de leur dire, leur expliquer la fatigue, les larmes, la tristesse, la colère. Ça les contient, les entoure et les rassure.

« Être heureuse, c'est positif pour mon bébé. »

Plus que tout, la maternité enseigne à Alexandra chaque jour l'urgence et l'obligation d'être heureuse, sans pression, mais avec naturel parce qu'elle le doit à Rachel. « *Être heureuse, c'est positif pour mon bébé. Avant d'être maman, je ne pensais pas que c'était obligatoire* », dit-elle avec douceur et bienveillance. Elle veut l'encourager au bonheur impératif quoi qu'il en soit, sans pour autant lui « vendre » un monde utopique, mais en lui apprenant à s'arrêter sur les petits riens et la simplicité du quotidien, bien réelle : porter une jolie robe à l'occasion du mariage de son tonton, regarder un livre, écouter une histoire, sentir les fleurs du jardin, découvrir de nouveaux goûts, manger. Selon Alexandra, profiter, ne pas passer à côté de ces images, de ces instants, demeure un choix. « *Je veux qu'elle reste émerveillée de tout, c'est mon objectif.* » D'ailleurs, cette jeune maman, bien consciente de certaines contraintes et de leur aspect répétitif, a une position très soutenante : « *Soit tu décides que préparer les repas, te lever la nuit, changer une couche, faire le ménage est un bon moment et tu t'y tiens, soit tu décides que c'en est un mauvais et tu subis.* »

En écrivant ces lignes, je vous imagine réagir, mais il y a autant de parents différents que d'enfants sur notre terre, il y a de la place pour tout le monde et chacun peut être accueilli avec ses pensées. Je suppose que certains événements ou expériences viennent définitivement vous inscrire dans un choix ou une décision qui honorent toujours celles et ceux qui les défendent. La posture positive d'Alexandra est d'ailleurs une clé que je propose régulièrement en consultation, lorsque la situation et la santé mentale de la maman le permettent et le plus souvent, mes patientes y adhèrent. Alors je m'en réjouis pour elles.

Parfois, cette bulle est menacée. Celle de cette famille l'a vécu puisque le papa d'Alexandra est décédé d'une crise cardiaque, lorsque Rachel a eu un an. D'une minute à l'autre, elle s'est retrouvée orpheline de père. Choquée et triste, elle est partie avec Simon et Rachel rejoindre sa maman, son frère, sa sœur, ses neveux et nièces pour faire bloc. Simon s'occupait beaucoup de leur fille et Alexandra naviguait entre son chagrin et Rachel qui était tout sourire et contente, malgré ce qu'elle a vu et entendu pendant cette semaine particulièrement éprouvante et bouleversante. « *Je lui ai tout expliqué, elle essayait peut-être d'être heureuse pour nous.* » Rachel, à son tour missionnaire du bonheur ? Ensemble, ils ont tenté de se consoler, d'avancer, de s'accrocher à la dignité du départ du papa d'Alexandra, aux souvenirs de leur dernière réunion de famille, aux cadeaux que leur mariage puis la naissance de sa petite-fille ont été pour lui.

Aujourd'hui, Alexandra va bien, sa famille continue de se dessiner, de s'aimer, de grandir et d'apprendre. Elle demeure impressionnante de force, de volonté et de conviction. La maternité a fini de dessiner les contours de son être, l'a mise en couleur, lui a tracé une route avec un but sans concessions, lui a offert l'essence même de son existence. La maternité l'a révélée à elle-même et aux autres, avec le soutien majestueux et inconditionnel de son mari, qui s'est départi de toutes les considérations matérielles du parfait papa pour tenir les mains de sa femme et de sa fille et se focaliser sur leur famille, leur priorité, leur bonheur absolu. À trois (et peut-être bientôt à quatre), ils ont trouvé leur recette, leur évidence et je leur souhaite de la garder, toujours !

Conseils

S'offrir de créer sa famille

— **Il est essentiel que vous preniez votre temps pour vous découvrir parent.** Il n'y a pas de course contre la montre, pas d'urgence. Aussi, avec du temps, vous pouvez mieux décoder votre bébé, mieux comprendre ses besoins, ses pleurs. Cela est très rassurant.

— **Pensez travail d'équipe dès la grossesse** : serrez-vous les coudes, on est plus fort à plusieurs. Pour les parents solos, essayez de trouver une personne-ressource sur qui vous pouvez compter.

— **Accueillez les changements** : allez dans le sens de la vague du mieux possible, avancez, questionnez-vous sur ce que vous ressentez, que ce soit positif ou négatif (horaires, contraintes, organisation...).

— **Entourez-vous de personnes qui vous font confiance**, vous portent, vous soutiennent et prenez le temps de parler avec vos proches.

— **Fermez vos oreilles à toutes les injonctions et conseils** qui commencent par *« moi, à ta place... », « si j'étais toi... », « tu devrais... »,* sauf si cela vous encourage ! Personne d'autre que vous n'est à votre place. Alors glissez-vous en confiance dans votre nouveau costume, tranquillement.

« Faites-vous confiance
même si c'est difficile. Écoutez-vous.
Prenez les conseils de votre entourage
avec modération et décidez
seule ou en couple. »

Aurélie

Aurélie

Un monde au service d'une mère en souffrance

Après une dépression du post-partum à la naissance de son fils, Aurélie sombre à nouveau dans un gouffre profond à l'arrivée de sa fille. Comment faire renaître une mère qui manque de force pour s'occuper de ses enfants et lui redonner goût à la vie ? Voici l'histoire d'un parcours exceptionnel.

Aurélie craint toujours de ne pas avoir sa place au sein d'un groupe, d'une entreprise, de sa famille, d'être moins bien que les autres, de ne pas être désirée et de ne pas avoir de valeur ajoutée. Elle se croit « bof-bof », nulle, engluée dans une image de flemmarde qui lui colle à la peau, dépendante de son mari, Damien, ou de ses proches, pour réaliser « *les choses* » dont elle parle si souvent, tout en étant réfractaire aux directives et ralentie par sa difficulté à choisir et à prioriser. Son besoin de reconnaissance est profond et j'espère que ce livre contribuera à lui en offrir une dose. En effet, ici, elle a accepté de prendre sa place, en apportant son témoignage à toutes les personnes qui lisent ces lignes et découvrent ainsi la victoire que son combat lui a offert.

J'ai eu l'opportunité d'animer différents ateliers pour *Le Couffin*, une ancienne plateforme dédiée aux futurs et jeunes parents. Le Covid ayant frappé, la formule « visio » est devenue la règle et c'est par ce biais que j'ai rencontré Aurélie et Damien. Je me souviens parfaitement de notre premier échange, par écrans interposés, tous les deux sur leur canapé, à quelques semaines d'accueillir Eléanore, leur second enfant. Ils étaient très calmes, très discrets, Damien encore plus effacé qu'elle, presque intimidé, à tel point que j'ai pensé que mon énergie, mes grands gestes et mon envie de les embarquer dans ma passion pour mon métier allaient les effrayer. Le sujet du soir était la dépression du post-partum. Aurélie connaît bien le sujet, car elle l'a subie dans les mois qui ont suivi la naissance de son premier enfant, Raphaël, âgé de 5 ans et né d'une procréation médicalement assistée. Pas vraiment diagnostiquée, pas du tout soignée, elle a alors évoqué la dichotomie ressentie entre son corps et son cerveau : « *à cause de la fatigue, mon corps ne pouvait pas faire ce que ma tête lui disait de faire* », à l'opposé de l'image « *idyllique* » qu'elle avait de la maternité. Malgré les alertes répétées de sa sage-femme, cette jeune maman pensait que son inexpérience en matière de bébé, associée à son caractère hésitant et à son épuisement, pouvaient expliquer ses difficultés. De longs mois plus tard, un léger mieux a pointé le bout de son nez, symbolisé par son envie de se faire de nouveau belle et de prendre soin d'elle. Cependant, elle n'a jamais plus ressenti le bien-être qui lui aurait permis de savourer pleinement sa vie de jeune maman et d'accueillir, apaisée, les dernières semaines de sa seconde grossesse.

La volonté de se protéger… moins forte que la réalité

Dans l'idée de se préparer au post-partum et de parer à toute mauvaise surprise, Aurélie a suivi régulièrement mes interventions, s'est entourée de la même sage-femme, en qui elle avait grande confiance, et a confié leur fils à ses beaux-parents pour être reposée avant son accouchement. Néanmoins, je ne pense pas qu'il soit possible de se préparer à l'ambivalence, la puissance, la refonte, la vérité et la profondeur de la maternité. Le bonheur, l'amour, le regret ou la souffrance sont bien trop intimes et inattendus pour s'y préparer. Y penser, en parler, bien s'entourer, s'organiser, acheter de la layette, repeindre une chambre, honorer tous les rendez-vous médicaux, oui. Oui, bien sûr, oui, mille fois ! Mais se préparer au *live* de la naissance, de la rencontre et du post-partum, non ! Il faut le vivre pour le vivre et puis c'est tout !

Malgré son anticipation, ses actions préventives, son organisation familiale et sa volonté d'échapper à la noirceur de cette maladie, je la sentais déjà éteinte. Je ne saurais pas expliquer pourquoi, mais parfois, en tant que consultante, je peux entendre une petite voix qui m'engage à une immense vigilance. Je sentais, je devinais que je la retrouverai ailleurs qu'en atelier. Mon instinct ? Peut-être... S'il s'agit bien de lui, alors il ne m'a pas trompée et la dépression qui s'est abattue sur Aurélie a été d'une violence extrême, à tel point que j'ai eu peur pour ma patiente et pour sa famille.

Dès le séjour à la maternité, la psychologue du service l'a orientée vers la protection maternelle et infantile (PMI) de son secteur, mais lors de la visite à domicile de la puéricultrice, Aurélie est passée entre les mailles du filet, car son mal-être n'était pas criant. Pourtant, dès son retour à la maison, sa sage-femme a tiré sur la sonnette d'alarme : « *si tu sens que cet état cafardeux s'installe, tu réagis* », mais Aurélie ne l'a pas entendue immédiatement puisque « *sa présence me rassurait tant que ses mots n'étaient pas un électrochoc* ».

« *Je me sentais un peu triste, un peu fragile, un peu seule et un peu perdue.* »

Aurélie a tenu, car son mari, alors en congé paternité, lui était dévoué et s'occupait beaucoup d'Eléanore. Leur fils étant toujours chez ses grands-parents, elle pensait que cette toute petite « *bulle de sérénité* » suffirait à la contenir. Dès la reprise du travail de son mari et le retour de leur petit et adorable Raphaël, Aurélie a senti l'orage gronder : « *Je me sentais un peu triste, un peu fragile, un peu seule et un peu perdue.* » Elle a alors décidé de consulter une psychologue.

De là, vous allez découvrir comment un monde de soignants s'est mobilisé pour la sauver, les sauver et ce qu'elle y a gagné.

Tirer la sonnette d'alarme

Aurélie a eu le mérite de réagir assez rapidement : les nombreuses mises en garde de sa sage-femme ne sont d'ailleurs pas étrangères à sa décision, c'est certain. Mais elle n'a pas trouvé auprès de sa première psychologue le soutien attendu. En effet, il lui semblait qu'elles n'avaient pas le même objectif, celui de la psychologue portant sur la nécessité de sortir de chez elle, de voir du monde, de conduire (elle a son permis, mais n'a jamais conduit)... Aurélie a mis un terme immédiat à ce suivi et a tenu à lui expliquer les raisons de son choix : « *je n'étais pas à l'aise, pas comprise dans mes besoins* ».

Il me semble primordial d'avoir le ressort de changer de praticien lorsque ça ne colle pas pour avoir une vraie chance de guérir.

Deux mois plus tard, Aurélie ressentant « *un vide abyssal* » s'est tournée vers moi, car « *les ateliers, tes mots et ta façon de répondre m'avaient mise en confiance* » et un très long accompagnement a alors débuté. J'ai mesuré l'ampleur de ses symptômes ainsi que celle de ma tâche et j'ai très vite compris que seule, je ne pourrai pas la soigner.

Étape numéro un : il fallait qu'elle consulte son médecin généraliste pour que celle-ci puisse lui prescrire un traitement et prolonger son congé maternité en arrêt de travail. Son médecin l'a arrêtée sans la mettre sous traitement. Aurélie se sentait bien à son contact et il était important de préserver ce lien de confiance. « *Je lui parlais facilement, elle voulait m'aider en réservant des créneaux suffisamment longs pour s'y atteler.* » Pour permettre à Aurélie d'être claire et circonstanciée lors de leurs rendez-vous, nous avons dressé la liste de ses symptômes. Je me tenais de plus à la disposition de son médecin pour partager nos analyses (on a tous à s'enrichir de différents praticiens). Je remarque d'ailleurs qu'il est plus évident pour mes patientes de se livrer à moi qu'au corps médical, comme si face à moi, tout semblait un peu moins grave, moins urgent. Ainsi rassurées, elles peuvent tout me dire. Serais-je leur dernier rempart avant le grand saut dans un diagnostic, douloureux à entendre et encore plus à accepter ?

Je comprends et respecte leur réserve face aux médecins, mais je les encourage toujours à tout leur dire car leur prise en charge peut aller beaucoup plus loin que la mienne.

Après plusieurs semaines, un traitement léger a été mis en place, mais je voyais bien qu'Aurélie pliait. Elle était d'ailleurs toujours abandonnée sur son canapé, presque allongée, au milieu d'un immense désordre que je devinais derrière son écran. Elle inspirait profondément, elle expirait par la bouche, elle se contrôlait pour ne pas sombrer devant moi. Elle cachait ce qu'elle pouvait encore taire, elle ne tenait plus qu'à un fil. Je n'oublierai jamais cette consultation où le fil a lâché.

J'ai un sens aigu de ma responsabilité d'infirmière (pour toujours) et de consultante en périnatalité. Parce que tout peut aller très vite, trop vite pour une maman, et ce jusqu'à l'irréparable. Je l'ai d'ailleurs vécu dans ma chair, mon âme et mon cœur de soignante, et cela m'a marquée au fer rouge. Je sais que le cœur d'une maman, de fatigue, peut s'arrêter. Je ne l'oublierai jamais. Elle s'appelait Joséphine.

Ce matin-là, Eléanore pleurait beaucoup et je ne la voyais pas sur mon écran alors que je la croisais habituellement, notais ses sourires, ses regards, ses accroches et ses interactions. Aurélie m'a expliqué qu'elle devait avoir faim, car elle n'avait pas eu son biberon du matin. Dans l'ordre de ses ultimes priorités, nourrir son bébé ou changer une couche n'en était plus une. Elle ne voulait pas ça, mais, acculée, elle ne pouvait plus faire autrement, malgré l'amour qu'elle a toujours donné à sa fille. Là, j'ai été très directive : donner le biberon à son bébé ne pouvait pas attendre : je lui ai demandé de ne rien faire d'autre, le temps que son mari rentre et que je m'occupe du reste. Elle devait m'écrire une fois les biberons donnés et elle l'a fait, comme toujours, car elle apprécie de me confier ce qu'elle a réussi à réaliser après ses séances, mes félicitations et mes encouragements la motivant et la valorisant beaucoup.

Aurélie vivant dans un autre département que moi, je suis entrée en contact avec la PMI de son secteur pour faire une évaluation à domicile en urgence et l'orienter vers une structure qui pourrait l'accueillir avec Eléanore. Je vous passe les détails de ma journée, sous haute tension, perdue dans les dédales administratifs de notre pays. J'ai fini par trouver l'infirmière puéricultrice de la PMI qui avait réalisé la première visite à domicile, je lui ai transmis toutes mes informations et notes, elle a partagé avec moi le bilan mitigé qu'elle avait écrit à l'époque et m'a informée qu'elle irait la voir le lendemain.

Une aide complexe à mettre en place

C'était tout ce qu'Aurélie ne voulait pas : elle gardait pourtant un bon souvenir de cette professionnelle car, malgré la mise à nu inhérente aux visites à domicile, elle ne s'était pas sentie jugée. Cette fois-ci, au pied du mur, elle a été contrainte de la recevoir de nouveau. « *C'était le plus dur, car elle voyait mon état et celui de ma maison, cela me confrontait à l'urgence de ma prise en charge et surtout à ma plus grande peur : qu'on me retire mes enfants.* » Ensemble, elles ont beaucoup parlé et fait le point sur les possibilités qui s'offraient à elle, comme être prise en charge par un centre de psychologie périnatale et faire appel à des techniciens de l'intervention sociale et familiale (TISF).

La puéricultrice m'a fait un retour de leur entretien, me rejoignait sur l'urgence de la prise en charge et m'a donné les contacts qui me manquaient pour agir. Aurélie a accepté de me laisser les commandes des différents appels à passer. En ce qui concerne le centre, je me suis entretenue avec un psychiatre qui a préconisé une hospitalisation totale dans son unité mère-enfant. Après discussion avec son mari, elle a refusé pour ne pas être éloignée de son fils et a donc été prise en charge de longs mois par différents intervenants, en hôpital de jour.

D'abord, le psychiatre s'est intéressé à son traitement, mais aussi à son humeur, ses envies, ses projets à long terme, son couple... « *Sur le moment, je ne pensais pas que cela m'aiderait, mais finalement ça m'a permis de cheminer et même de déménager.* » Elle le voyait toutes les semaines, il complétait la prise en charge de sa généraliste, toujours très présente. Ce même psychiatre a rencontré son mari plusieurs fois afin de faire le point sur l'évolution de la santé d'Aurélie.

Une infirmière, toujours la même, assistait à ces entretiens, posait des questions et avait la confiance d'Aurélie, qui lui livrait son histoire, ses questions, ses doutes, ses angoisses, ses freins, mais aussi ses petits pas vers le mieux. *« C'est toujours elle que je regardais quand je parlais. »*

Comment s'occuper de sa famille quand on est occupé à survivre ?

Dans le même temps, une psychomotricienne s'est penchée sur Eléanore, qui allait bien. Aurélie a profité de ces séances, une fois par semaine, pour elle aussi observer sa fille et découvrir à quel point son bébé évoluait, ce qui était très précieux pour elle : « *en jouant, on interagissait, on créait du lien, ça m'émerveillait* ». Pour cette dyade en construction, ces occasions très nombreuses de se retrouver dans un espace aéré, apaisant et sécurisant, rimaient avec réconfort et découvertes. Cet accompagnement correspondait aux besoins d'Aurélie et a été d'une aide immense pour elle, mais il n'était pas suffisant pour assumer le quotidien. Comment s'occuper de sa famille quand on est occupé à survivre ?

C'est pour compenser, renforcer les soins et la soutenir que je me suis tournée vers les TISF, cette fois avec son aide. Il est très compliqué d'avoir la chance de profiter de leurs compétences, car la France en manque cruellement et leurs plannings sont très chargés. Il nous a fallu faire de nombreuses démarches auprès de la mairie, de la CAF et des associations les regroupant pour enfin trouver la perle rare.

Il a été convenu qu'elle viendrait deux fois par semaine pour aider Aurélie à faire du tri dans son appartement et faire le ménage. Toutefois, ma patiente n'aimait pas être conseillée, car cela mettait, selon elle, le doigt sur son incompétence, ce qui l'attristait et la contrariait. Lorsqu'elle passait le relais, elle se reposait et se sentait soulagée pendant qu'Eléanore était promenée dehors, « *ce que je n'étais pas capable de faire* ».

En parallèle, Aurélie et sa famille ont rencontré deux fois une psychologue familiale, rattachée à un centre médico-psychologique (CMP) qui veillait sur les interactions de la famille en les recevant tous les quatre et en leur donnant la parole à tous... Aurélie a reconnu son professionnalisme, mais a déploré le rythme des séances, bien trop espacées. Les CMP étant très sollicités de par la gratuité de leurs services, il n'est effectivement pas simple d'obtenir un premier rendez-vous, mais en fonction du degré d'urgence, ces professionnels tentent de s'adapter. Aurélie et sa famille, déjà très suivies par ailleurs, n'étaient plus prioritaires.

Pour ma part, je ne l'ai pas lâchée pendant plus de dix-huit mois (et elle non plus). Je l'ai vue une à deux fois par semaine pour d'abord éviter une tragédie, puis pour la soigner. Mon intervention auprès d'elle a consisté à déclencher l'alarme incendie, puis a été si plurielle et longue que je ne saurais lister chaque pan de mon action qu'elle qualifie de « *pluridisciplinaire et différente de tout ce que j'ai connu* ». Ensemble, nous avons reconstruit une maison à trois étages : le premier en travaillant sur le lien maman-bébé, la priorité à donner à Eléanore, totalement dépendante d'elle, le sommeil d'Aurélie et l'éducation de Raphaël. Le deuxième en l'écoutant car elle avait besoin et le dernier en lui délivrant des astuces pratiques concernant le quotidien, comme réaliser une tâche à la fois (vider le lave-vaisselle, étendre une machine), et ce jusqu'au bout. Sa maison, en reconstruction, était abritée par le toit de son endurance, de sa patience et de sa confiance.

En plus de cet accompagnement multidisciplinaire, elle a bénéficié du soutien de son mari Damien et ils ont tenu, dans la tempête, malgré leurs différences. « *Il est affectueux, je suis plus distante, il fait ce qu'il dit alors que je suis très hésitante, je lui demande souvent son avis, mais je ne vais que très rarement dans son sens, je ne le sens pas assez moteur, mais je n'aime pas quand il décide pour moi.* » Il faisait le ménage, les courses et s'occupait des enfants quand il rentrait du travail, Aurélie préparait le repas, il se couchait tôt et se levait tôt, elle se couchait plus tard, avide de profiter du silence et de l'oisiveté de la nuit, ce que je n'encourageais pas, puisqu'elle peinait à se lever le matin. Ainsi leur vie s'est orchestrée pendant de longs mois, ponctués de coups de pouce de leur famille, désireuse de contribuer à la sortie des abîmes d'Aurélie.

Certaines structures de sa ville (Rosechou, les espaces parents-enfants, les ludothèques, les bibliothèques, des médias comme *Les Fabuleuses au foyer*) sont aussi venues agrémenter son quotidien de respirations et de loisirs nécessaires et soutenants.

Quand la vie refait surface

Puis lentement, très lentement, Aurélie a remis un pied devant l'autre. Un jour, elle était assise sur son canapé en consultation, un autre, elle avait une tisane à la main, une autre fois, je l'ai vue s'extasier devant son bébé, elle a ri, j'ai croisé Raphaël et ses jouets, Damien a échangé avec moi, le linge était étendu, elle est sortie de chez elle, puis elle a été chez le coiffeur, elle s'est maquillée, s'est acheté des vêtements, a trié sa penderie, a parlé déménagement (leur appartement était vraiment trop exigu). Cela peut vous paraître des petits riens, mais ce sont eux qui ont reconstruit son tout ! La vie et la famille naissaient à nouveau au rythme d'Aurélie. Elle a monté la première marche de sa guérison en trois temps :

— sortir la tête de l'eau ;

— réapprendre à vivre, aimer, sourire, avoir envie, éprouver du plaisir ;

— se stabiliser.

Je lui ai souvent donnée cette image : « *une fois remontée sur ton surf, puis une fois le surf lancé, veillons à ce qu'il reste en mouvement et que toujours il glisse pour ne pas chuter de nouveau* ». Depuis, toute la famille a déménagé en province pour intégrer la maison de leurs rêves et se rapprocher de la famille d'Aurélie. Damien attend sa mutation et rejoint sa femme et ses enfants chaque week-end. Raphaël est en CE1, a une maîtresse très douce et à l'écoute qui représente un socle solide pour lui, rejoint sa maman chaque nuit dans son lit, car il a souvent besoin d'être rassuré, a quelques sautes d'humeur que je cherche toujours à comprendre et à soulager avec elle.

Quant à Eléanore, sa mini-héroïne, elle trace sa route, malgré la tempête, sourit beaucoup, câline sa maman qui le lui rend bien – elles ont d'ailleurs, toutes les deux toujours été très affectueuses l'une envers l'autre, ce que je notais, avec plaisir, à chaque consultation –, elle explore le monde, affirme son caractère, a aussi la volonté de faire comme elle veut, va chez la nounou quatre jours par semaine, déborde d'une énergie qu'elle partage souvent avec Aurélie et m'inspire une tendresse infinie. Aurélie est toujours suivie et sous traitement, conduit de nouveau, s'occupe seule de ses enfants quatre jours par semaine, se sent parfois débordée, procrastine régulièrement et doit encore endurer quelques fluctuations d'humeur et de confiance en elle, que j'accueille, surveille, temporise, relativise et module tous les quinze jours. Elle apprécie beaucoup la liberté que je lui offre : « *Je me sens actrice des soins, car j'ai décidé que j'avais besoin de toi et je déciderai du moment où je n'aurai plus besoin de toi. C'est à mon rythme, c'est doux. Le jour venu, je serai alors prête à affronter toute ma vie par moi-même et avec mes proches.* »

Offrir ce choix, ce temps, est selon moi essentiel, responsabilisant et sain pour surfer sur la vague.

Conseils

Comment repérer la dépression du post-partum ?

Voici plusieurs signes qui doivent vous alerter (liste non exhaustive) :

— la tristesse, les pleurs, les idées noires ou suicidaires, la souffrance au quotidien ;

— pas d'envie, pas de plaisir, la vie semble fade, sensation d'être en pilote automatique et d'être ralentie ;

— altération du sommeil (endormissement difficile, insomnie, sueurs, cauchemars), changements dans l'alimentation (crise de boulimie, anorexie), amaigrissement très rapide, libido en berne ;

— angoisses diurnes ou nocturnes, peur de faire du mal à son bébé, de mal faire, de ne pas y arriver ;

— distanciation du lien avec son bébé ;

— hypervigilance.

Comment la prendre en charge ?

— **Consultez** : un médecin généraliste, ou un gynécologue, ou une sage-femme, ou un psychiatre, ou un psychologue, ou un expert en périnatalité. Ceci est primordial. Ne restez pas seule avec votre souffrance. Il y a beaucoup de professionnels formés sur le terrain.

— **Passez du temps avec votre bébé** pour créer, nourrir, entretenir le lien et la confiance qui vous unit l'un à l'autre (câlin, portage, massage, promenade...) et passez le relais à une personne de confiance pour ce qui semble difficile (couche, biberon, bain...) à chaque fois que c'est possible.

— **Rapprochez-vous de différentes associations** ou plateformes pour lutter contre la solitude ou l'isolement et échanger (voir page 204).

— **Satisfaites vos besoins primaires** (se reposer, dormir, manger, se laver…) et récréez-vous, prenez du temps pour vous (ce qui est différent du premier point), pour lire, regarder un film, écouter de la musique, faire un câlin à un proche, vous faire livrer votre plat préféré, vous balader… Et n'hésitez pas à avoir recours aux médecines douces (sophrologie, kinésiologie, acupuncture…).

« Déposez vos émotions !
Forcez-vous à demander de l'aide.
Parlez, aimez à votre façon.
L'amour est vital et toutes les mamans
l'ont en elles, j'en suis persuadée. »

Béatrice

Béatrice

Une naissance marquée par une séparation fragilisant la confiance de maman

Béatrice est à seulement six mois de grossesse lorsque ses jumeaux naissent et lui sont retirés pendant trois jours, le temps nécessaire à son rétablissement. Elle ne les voit pas, ne les touche pas et ne les entend même pas. S'en suivent quarante jours d'hospitalisation. Une séparation brutale qui retentit encore en elle, dix-neuf ans plus tard.

Septembre 2007. Mystérieuse et impatiente, un trousseau de clés à la main, vêtue de blanc, telle une vestale, elle attend devant une haute grille d'école. Ses enfants vont certainement bientôt sortir. Mon gros ventre – je suis enceinte de Lou – et moi attendons mon fils, Théo, qui vient de rentrer en maternelle. Le cœur de cette femme que je ne connais pas semble aussi fébrile que le mien. J'ai immédiatement envie de découvrir quelle histoire se cache derrière elle. Elle est belle, elle m'intrigue.

Juin 2022. La même femme n'a plus que quelques secrets pour moi. Elle se tient assise dans mon cabinet pour l'interview intense que je m'apprête à mener en vue de l'écriture de ce livre. Point d'orgue de notre amitié qui a gagné, en quinze ans, autant de centimètres que nos enfants. C'est dire à quel point elle est grande.

Béatrice a 50 ans, est mariée avec Patrick, « *mon épaule, mon cadeau* » depuis vingt ans. Son désir d'être mère est né en même temps que leur amour, car « *je voulais construire ma vie avec cet homme si lumineux, bon et énergique* ». Ils ont eu deux enfants, des jumeaux : Sara-Lou et Gabin, 19 ans et étudiants. C'est avec eux trois qu'elle a plongé dans une vie de maman, dont elle ignorait tout, mais qui est devenue son tout, « *la maternité, c'est moi* », le jour de leur naissance très prématurée, à trente et une semaines d'aménorrhée (le terme d'une grossesse est de quarante et une semaines).

C'est d'abord un test de grossesse positif qui lui ouvre les portes de la maternité, source de sérénité et symbole de l'amour de ce couple scintillant. L'annonce de la gémellité ne vient pas compromettre leur bonheur : « *j'ai adoré être enceinte* ». Les mois filent, mais sa tranquillité laisse place à l'inquiétude.

Une naissance marquée par la séparation

Hospitalisée à six mois de grossesse pour menace d'accouchement prématuré, Béatrice, obéissante et voulant bien faire, se plie aux exigences médicales, reste allongée « *comme une poule sur ses œufs* » pour garder ses bébés dans son ventre le plus longtemps possible. Elle tait ses émotions, garde le silence, ne pose aucune question pour ne pas entendre ce qui pourrait ébranler sa fragile confiance et ne compte que sur Patrick, qui la soutient, chaque jour. Un mois passe, jusqu'à ce jour où tout bascule.

Béatrice se sent mal, a de la fièvre, davantage de contractions utérines, sans explication identifiée. Il est décidé de pratiquer une césarienne en urgence. « *Je ne pose pas de questions, j'ai froid, je crois que j'ai peur, j'imagine que je mets du papier bulle autour d'eux et de moi pour nous protéger.* » Patrick n'est pas autorisé à être auprès de sa femme, c'est donc avec la peur de perdre ses bébés pour seule compagne que Béatrice s'apprête à vivre le moment qui va changer sa vie pour toujours. Séparée de son mari, voici que ses petits lui sont arrachés : « *ça bouge en moi* ». Sara-Lou naît, silencieuse, comme sa maman qui ne l'entend pas, ne la voit pas, puis voici Gabin. Elle aperçoit son fils quelques secondes, elle entend un bébé pleurer, mais elle ne sait pas lequel. *« Je suis choquée, je ne sais rien, c'est paniquant, alors je me mets dans un univers parallèle pour supporter l'insupportable. »* Béatrice est seule, ses enfants sont seuls, Patrick est seul. Mais une famille est née.

Trois jours volés, subis, trois jours de trop, de vide et de trou noir, gravés à jamais.

Transférés en réanimation, ses bébés sont pris en charge et mis sous assistance respiratoire *« mais ils sont en vie ! J'aimerais tant les voir ».* À partir de là, cette toute jeune maman ne pourra compter que sur son mari et les photos qu'il lui montre pour maintenir le lien qui la relie à ses bébés, pendant plus de trois jours, « *mais ça ne remplace ni leur peau ni leur odeur* ». En effet, privé d'eux, son corps la prive de mouvements, refuse d'être assis ou debout et l'empêche de se rendre auprès de Sara-Lou et de Gabin : *« J'essaie de me lever, j'essaie, j'essaie, mais je tombe à chaque fois dans les pommes et mes bébés, eux ne peuvent pas descendre. »* L'urgence de les aimer, d'être à la hauteur, d'être là n'avait alors d'égale que leur urgence de vivre. Trois jours volés, subis, trois jours de trop, de vide et de trou noir, gravés à jamais.

Une culpabilité profondément ancrée

Le quatrième jour, Béatrice est immensément triste, elle se sent impuissante, comme *« l'ombre d'elle-même ».* Elle craque : « *même mes parents ont vu mes enfants* », elle s'effondre, pleure. Son corps, son âme et son cœur souffrent. « *Ils se battent pour vivre et je ne suis pas là pour eux.* »

« J'ai failli dans ma mission, je n'ai pas su ou je n'ai pas pu les protéger. »

Alors elle se décide à dire son mal à une infirmière qui lui offre tout son temps pour l'amener à ses enfants. Il lui faut lutter pendant deux heures, contre ses sueurs froides, ses malaises et ses nausées pour ENFIN arriver vers eux, ses petits si petits et déjà si forts. Leur unité retrouvée semble panser ses maux, « *mon corps guérit devant eux deux et mon instinct de mère surgit* », leur symbiose et leur harmonie ne plieront plus jamais. Elle leur en fait, silencieusement, la promesse et s'y tiendra sa vie entière malgré une culpabilité inqualifiable. Celle des coupables, des criminels, « *j'ai failli dans ma mission, je n'ai pas su ou je n'ai pas pu les protéger* », des mamans qui se condamnent elles-mêmes, « *j'étais mon propre mal* ». Une culpabilité qui occupe tout l'espace des couloirs de néonatalogie. Celle des mamans que j'ai toujours aimé serrer dans mes bras, mais pour qui, en début de carrière, j'ai cruellement manqué de temps. J'aurais tellement aimé être là pour eux quatre et pour toutes les autres, j'aurais aimé être mieux là.

C'est sans Gabin et Sara-Lou que Béatrice quitte l'hôpital, « *c'est inconcevable et horrible* » puisqu'ils seront hospitalisés quarante jours. Quarante jours loin de leurs parents, mais un temps essentiel à leur santé, durant lequel ils leur apprendront déjà à quel point ils peuvent compter sur eux, grâce à leur présence et leur amour.

Quelles sont les empreintes laissées chez un bébé qui a été séparé de sa mère pendant trois jours, lors de sa naissance ? Comment se construire en tant que maman lorsque sa grossesse a été amputée de dix semaines ? Comment devenir papa quand sa famille à peine née ne peut pas être réunie, et qu'on est l'unique et vital trait d'union entre une maman et ses enfants ? Quels parents éclosent après une entrée aussi fracassante dans la parentalité ?

Une blessure qui résonne encore aujourd'hui

Dix-neuf ans se sont écoulés depuis ce 17 juin 2003 et permettent d'apporter quelques réponses. Les leurs, du moins, couplées au regard que je pose sur eux quatre.

Béatrice a accueilli sa nouvelle évidence, celle de ne plus travailler pour ne plus rien manquer d'eux, les couvrir d'amour, se nourrir d'eux, tout leur donner, rattraper ces trois jours irrattrapables, les garder près d'elle quoi qu'il arrive, les couver, même à l'extérieur. « *Je ne sais pas si je me suis remise de notre séparation, j'ai l'impression de les avoir abandonnés.* » Pendant leur enfance, rien de plus simple, puisque ses petits ne voulaient, eux aussi que ça. À l'adolescence, cela s'est corsé, car ils ont cherché à flirter en dehors du cadre, donc plus loin de leur maman. Elle a alors été de nouveau confrontée aux limites de la parentalité, à savoir qu'il est impossible de protéger les enfants de tout, tout le temps. À l'âge adulte, il est douloureux de supporter l'absence de Gabin, parti étudier dans une autre ville (Lille, même en habitant en région parisienne, peut paraître très loin !). Mais elle apprend chaque jour toujours plus, « *je n'ai pas le choix, car le temps d'avant ne reviendra pas* ». Il est aussi inconfortable pour elle de savoir Sara-Lou dans les transports en commun le soir, en boîte la nuit, en voiture le jour… comme si aujourd'hui encore, elle se pensait la seule capable de veiller sur leur équilibre et leur sécurité. Mais au fond, qui mieux qu'une maman ou qu'un coparent pour le faire ? « *Notre lien grandit avec eux, il est infini, il vit autour de moi et existe même quand ils ne sont pas là.* » Au rythme de leurs expériences…

Apprenons à porter nos enfants ailleurs que dans nos bras.

Béatrice est marquée, blessée, et son traumatisme se réactive au gré des étapes que ses enfants franchissent, « *cette séparation retentit encore aujourd'hui* ». La blessure se traduit par des larmes, des doutes et une impression de ne pas être ancrée, comme si elle rejoignait régulièrement l'univers parallèle qu'elle s'était créé le jour de leur naissance pour se mettre à l'abri.

Aujourd'hui, cette maman s'accroche pour supporter le cycle de la vie, qui veut que nous laissions grandir nos enfants ailleurs que dans nos bras. « *Ils doivent aussi se construire et faire leurs propres expériences.* » Je me permets d'ajouter que c'est un défi parental supplémentaire et assez vertigineux.

Elle a consulté de nombreux praticiens pour retrouver ses chaussures, sa vue qui parfois se brouille, son alignement et sa verticalité. Faciathérapeute, kinésiologue, énergéticien et ostéopathes prennent régulièrement soin d'elle pour qu'elle ne s'échappe plus et profite de sa vie qu'elle aime tant.

Le père pour équilibrer la fusion originelle

Seul son mari parvient à la ramener et à la garder en sécurité, « *il se soucie de moi, il ne compte pas ce qu'il donne* ». En ce qui concerne leurs enfants, ce papa les enjoint à voler de leurs propres ailes. Béatrice les couve et Patrick les pousse hors du nid : ils ont trouvé leur recette. En effet, Patrick, *« un bouffeur de vie »*, a toujours encouragé ses enfants à se lancer, oser, foncer, saisir les opportunités de la vie, croire en leur chance et à grandir, presque en mode « avance rapide ». Il les a poussés à déplacer des montagnes, car il est ainsi fait : il a senti l'élan vital qui les a parcourus en réanimation, alors que sa femme mettrait plus l'accent sur le maternage et la réassurance. Béatrice, dévouée à leur sécurité intérieure, et Patrick, dédié à leur confiance en eux : voici une équipe de parents bienfaiteurs pour leurs deux enfants, plus proches que jamais des adultes qu'ils deviennent. Voici une famille que j'aime tant.

Gabin et Sara-Lou sont très différents. Gabin, l'enfant contemplatif et très accroché à sa maman, *« il ne supportait pas que je sorte de la voiture pour prendre de l'essence ou que je le laisse à mes parents ou à l'école »*, est devenu un jeune homme indépendant et meneur. À 15 ans, il vivait déjà en internat pour pratiquer le rugby à un niveau national. Sara-Lou, une petite fille pétillante, rieuse et très maternelle avec son frère, *« elle s'occupait de lui à l'école »*, est aujourd'hui une jeune femme discrète, sublime, et toujours aussi attentionnée, *« elle n'aime pas que je déjeune seule ou que je sois seule le soir »*, et apprécie de vivre chez ses parents.

Il ressemble beaucoup à son papa et elle à sa maman et savent tous deux que leurs parents, emplis d'amour, sont leur ancrage malgré les orages.

Très souvent, Béatrice m'a confié sa blessure, sa tristesse, ses regrets et sa culpabilité, qui se muent presque en dette, car elle veille à ne pas trop les contrarier ni leur déplaire, mais aussi ses joies, ses rires, ses ressources et son amour pour eux, ce qui participe à sécuriser leur lien ainsi que sa place de bonne maman. Je l'ai toujours accueillie avec ses émotions, si difficiles habituellement à déposer. En tant que soignante, je sais qu'il n'est jamais trop tard pour s'occuper d'une souffrance trop longtemps tue. Je la sais encore bouleversée à cause de leur séparation, elle n'a rien oublié, elle ne veut rien oublier. Ses souvenirs du premier jour du reste de sa vie sont les seuls témoins de cette rencontre différée : *« je me souviens de RTL2 au bloc, de l'œil crevé de l'anesthésiste, du gynéco qui avait un problème de jambe »*. Je dis d'ailleurs souvent à mes patientes, comme à Béatrice, qu'il n'est jamais trop tard pour rencontrer son bébé et le lien majestueux qui l'unit à ses jumeaux en témoigne. C'est son coffre aux trésors. Les conflits, souvent, la font vaciller, comme s'ils venaient mettre en danger l'équilibre de sa famille. D'abord, je la laisse exprimer tout ce qu'elle croit ne pas avoir fait ou mal fait, ce qu'elle s'autorise désormais. Puis je tente de la ramener, de l'accrocher à la réalité en insistant sur tout ce qu'elle a fait, au contraire, de bon pour eux, ce qui participe à la raisonner et à ancrer son esprit dans un espace plus sécurisant et rassurant. « *Tu m'as toujours dit que l'amour inconditionnel que je leur donne est un peu comme leur filet de sécurité, que le lien ne peut être rompu et que notre base est solide et bien présente. Les fondations sont là et pour eux, c'est inestimable pour pouvoir avancer.* » Ainsi elle lâche, pour un temps, cette culpabilité qui l'opprime, l'empêche et la freine.

À la douleur et à la discrétion, Béatrice a préféré la dévotion, la présence et l'amour. La timide chrysalide a laissé place à un papillon vaporeux, flirtant avec les nuages… De son côté, Patrick ne s'est jamais détourné de sa fougue et de sa foi en la vie. À la fragilité de leur naissance, Gabin et Sara-Lou ont préféré la pugnacité pour l'un et la lumière pour l'autre. Ensemble, ils ont vaincu, ensemble ils grandissent et toujours, ils s'aimeront, l'univers y veillera.

Conseils

Pour se détacher de la culpabilité

La culpabilité est d'abord une émotion « positive » qui nous motive à être plus empathiques, plus sensibles et à nous tourner vers des comportements bienveillants. C'est un peu notre garde-fou. Mais à l'extrême, elle peut devenir handicapante et nous conduire à des situations douloureuses. Comment apprendre à s'en détacher ?

— **Analysez la situation** : revenir sur les événements qui vous font culpabiliser est une bonne méthode pour mieux décortiquer vos émotions. Sommes-nous les seuls responsables des épreuves de notre vie ? N'y avait-il pas des circonstances inévitables ? Ai-je fait de mon mieux ? Ces questions peuvent vous aider à prendre du recul et à gagner en objectivité. Retenez que la réalité est souvent plus supportable que ce qu'on s'imagine.

— **Assumez vos propres failles** : facile à dire... Mais la culpabilité à outrance colle souvent aux personnes très exigeantes envers elles-mêmes et leur dicte leurs actes : *« je fais comme ma culpabilité me dit de faire et pas comme j'ai besoin de faire »*. Un travail thérapeutique est souvent très utile pour trouver les raisons de cette pression interne et pour commencer à être plus souple, plus tolérant, plus doux envers vous-même.

— **Avouez-vous les bénéfices cachés** : si vous culpabilisez, vous êtes déjà dans un acte « réparateur » avec votre propre conscience. Cette émotion vous est donc utile pour vous protéger et vous sentir moins « défaillante ». Une sorte de petit pacte inconscient avec vous-même qu'il faut signer pour espérer surmonter votre culpabilité.

— **S'offrir de se pardonner.**

*« Savourez le moment présent,
car il passe vite. Observez-vous,
toujours, regardez votre partenaire
et votre ou vos enfants. »*

Albane

Albane

La perte de contrôle et son impact sur une jeune maman

À 34 ans, Albane avait pourtant essayé de tout anticiper avant l'arrivée de son premier bébé. Lectures, achats, conseils... Mais un accouchement en urgence à la maison marque le début d'une perte de contrôle qu'elle a eu du mal à accepter et qui l'a menée à un éloignement d'elle-même.

Mail d'Albane aux *Louves* (un média destiné aux futures et jeunes mamans)
14 novembre 2021, 7 h 55 :

Bonjour,
Je vous contacte, car je vous suis de près depuis ma grossesse et mon accouchement, mais je ne sais pas trop vers qui me tourner. Je suis en train de progressivement arrêter l'allaitement après plus de six mois et demi. Je suis absolument épuisée moralement et physiquement. Je pense avoir besoin d'un soutien sur le plan psychique. Avez-vous des recommandations ? Merci énormément pour tout ce que vous faites, vous êtes vraiment extraordinaires.

Mail des *Louves* à Albane
15 novembre 2021, 11 h 30 :

Bonjour Albane,
Je te recommande Barbara van Vlamertynghe que nous connaissons bien et qui est une écoute précieuse dans ces périodes difficiles. Tu peux la contacter de notre part. Bon courage !

Ainsi, la délicate Albane est arrivée vers moi. Emplie de tous ses doutes, de sa peur de mal faire, de ses larmes, de sa fatigue extrême, de ses questions et de sa crédulité. « *Je ne sais pas encore si je me considère comme une femme et voilà que je suis maman. C'est la première fois que je dis ça, je crois.* » D'amour et d'éblouissement pour sa petite Iris, elle débordait aussi. Toujours sur tous les coups « *femme, maman et carriériste* », mais K.O. !

Il est vrai qu'elle ne s'était, jusqu'à cette première consultation, rien épargné. En effet, après quinze ans d'expatriation, son mari Vincent, « *très proche de la perfection* », et elle ont fait le choix de quitter les États-Unis avant d'accueillir leur premier bébé, pour être entourés de leurs familles et leurs amis. Les recherches d'appartement et de boulot sont aussi venues côtoyer sa grossesse et ses idées : « *la maternité c'est généreux et bienveillant, c'est la dévotion incarnée par ma mère et ma belle-mère. Je suis très proche d'elles* ». À la même époque, le Covid frappait le monde de toute part et n'a pas facilité leur réacclimatation parisienne qu'ils espéraient plus douce et riche en retrouvailles. Ce contexte agité, mais contemporain de son devenir maman (qui, je le rappelle, prend vie en même temps que le désir d'enfant) a favorisé très tôt son épuisement et la distance qui ainsi a pu s'installer entre elle et elle-même.

La perte de contrôle et l'état de sidération

Un nouvel imprévu s'est écrasé sur elle le jour de son accouchement. Albane avait pourtant tout lu, écouté tous les podcasts, tout observé auprès de ses amies, tout scruté pour tout préparer et anticiper. Elle déplorait toutefois un vide informatif autour du post-partum. Serait-il le symbole d'un secret à garder au creux de « celles qui savent » ? S'il est matériellement possible de tout préparer et et de s'organiser au mieux, il reste impossible de se préparer émotionnellement à tout. La différence peut paraître ténue, mais elle n'en demeure pas moins réelle et considérable. Le savoir permet d'appréhender le bouleversement que revêt chaque naissance. Le savoir permet d'effleurer que ça va souvent swinguer, tanguer, secouer, bouger, surprendre et aussi parfois glisser tout doux... Le savoir, c'est aussi abandonner dès le départ la lutte contre ce changement inévitable. Le savoir, c'est enfin accompagner la vague et s'offrir un beau cadeau.

Je concède toutefois qu'imaginer l'inverse – pouvoir se préparer à tout – soit rassurant dans notre société avide de maîtrise. Albane l'a vite expérimenté.

Il est possible de tout préparer mais impossible de se préparer à tout

La veille de la naissance de sa fille, Albane, comme un signe, a vu le premier iris de la saison, lors de l'anniversaire de son frère. Une journée en famille, une journée de bonheur, « *mon frère parlait à mon ventre et disait à mon bébé de sortir* ».

Le lendemain à 6 h 30, elle est réveillée par des contractions qui la mènent à alterner station allongée et debout, le dos collé contre un meuble. Elle les supporte bien et les compte, soutenue par Vincent, fidèle au poste. Elle est sereine et calme, *« c'était le moment où elle devait arriver »,* toute à son projet de naissance, sans péridurale et en salle nature si possible. Surdocumentée, elle enchaîne docilement antispasmodiques, douche chaude, bouillotte, respiration alternée, yoga nidra, pensée positive et parvient même à analyser sa sensation de sommeil intense, en la reliant à la sécrétion d'endorphines. Mode contrôle activé.

Albane et son mari pensent qu'il s'agit peut-être d'un faux travail (ou même d'une gastro !), car son transit est perturbé. Une info lui avait échappé : diarrhées et vomissements vont parfois de pair avec les contractions utérines. Ils décident vers midi de téléphoner à une sage-femme de la maternité qui lui conseille de rester chez elle : « *selon elle, tant que je peux parler, c'est que je ne souffre pas assez et que je peux rester chez moi* ». On a coutume de dire, il est vrai, que les contractions de travail coupent de tout lien social, impossible donc de discuter.

Les contractions perdurent, s'intensifient, et Albane, en bon petit soldat, reste concentrée, se sert du ballon, émet des sons graves, pleure tant les émotions sont fortes et se succèdent, mais elle va très bien, *« j'ai confiance en moi et en mon mari ».*

À 16 heures, elle ne parvient plus à contrôler sa respiration. Maintenant, Albane souhaite une péridurale et partir à la maternité : « *Vincent appelle maman pour qu'elle nous y accompagne avec sa voiture* ». Elle se met à quatre pattes, puis finalement se rend aux toilettes où la poche des eaux se rompt à 16 h 10, « *je remercie mon mari pour la bassine !* ». Elle ressent l'envie de pousser, son mari appelle le SAMU.

Elle se sent arrachée de sa bulle, de sa maîtrise et de sa confiance.

SAMU et future grand-mère font irruption dans le salon à 16 h 20 et le médecin demande à Albane de quitter la position à quatre pattes qu'elle avait reprise pour se mettre sur le dos et en position gynécologique, « *un pied sur le dossier du canapé, l'autre sur l'épaule du médecin* ». Trop tard pour partir à la maternité, Albane va accoucher dans son salon. « *Tout le monde me disait qu'on ne peut pas prévoir son accouchement. J'ai tant bien que mal étudié tous les scénarios, mais cette option n'était certainement pas dans ma liste !* »

Alors que jusque-là, elle dominait la situation de main de maître, grâce à ce que son corps lui dictait de faire, elle se sent arrachée à sa bulle, à sa maîtrise, à sa confiance. « *Je perds le contrôle, je ne vais pas y arriver, je m'accroche aux regards de la sage-femme et de Vincent.* » Trop de monde, trop de bruit, trop de confusion, trop de tout partout. Albane pousse plusieurs fois, Iris naît et ne crie pas tout de suite (ça arrive et ce n'est pas forcément grave). Il est 17 h 02 et pour la première fois, le couple de jeunes parents a peur, peur de la mort, peur pour leur bébé qui très vite leur offrira les pleurs tant attendus.

De l'ocytocine est injectée (cet acte est pratiqué en vue de la délivrance) : « *je pense alors que je n'ai pas réussi, que j'ai raté un truc et ça m'énerve.* » Elle voit son bébé.

Albane est vidée, sidérée, sous le choc, sans réaction. Trop, c'est trop, tout va trop vite. Elle ne peut d'ailleurs pas prendre Iris contre elle, lorsqu'elle lui est tendue, tant elle ne se sent pas prête à vivre tout ça. « *J'ai besoin de temps et d'étapes : la voir, la toucher, la prendre dans les bras et enfin l'allaiter.* » Elle est ailleurs, presque plus là, entre conscience et inconscience, éveil et sommeil, « *dans un coma d'hormones* » et ne sait plus trop si elle vit ou si elle ne vit plus. « *Lorsque je sors de chez moi, sur le brancard, tête la première dans les escaliers et que j'arrive dans la cour de mon immeuble, je vois le ciel bleu, et des nuages blancs, je me dis que je suis peut-être arrivée au paradis.* »

De cet ailleurs, elle mettra un an à revenir, pour comprendre, reprendre contact avec elle-même. Un an pendant lequel elle aura presque oublié qui elle était en privilégiant le faire à l'être.

Une charge mentale qui implose

L'écueil était, effectivement, de penser qu'elle pouvait être à fond, partout, tout le temps : être à cent pour cent dédiée à sa famille, à ses tâches, à ses responsabilités, à ses devoirs, à son travail, sans sourciller. Pour corser le tout, Albane, pleine d'idées, de défis et de volonté avait fait le choix de changer d'entreprise à la même époque (Iris avait 4 mois) alors qu'elle était aussi occupée à devenir maman, à se lever chaque nuit et à la sevrer. De quoi avoir la tête farcie et se sentir perdue… « *J'ai compris que j'avais le droit de ne pas aller bien.* » Le ressentir et le dire étaient une étape nécessaire pour qu'elle reprenne conscience de sa vitalité et de sa propre existence.

Ce mode de vie effréné rélève du concept de charge mentale, qui est un enchevêtrement intense de tâches professionnelles et personnelles à mener de front afin de maintenir l'équilibre entre le foyer et le travail, au détriment de son propre confort et de sa propre détente. Cette épreuve du feu permanente et cette mise sous pression journalière conduisent les femmes à l'épuisement, à la confusion et à s'éloigner d'elles-mêmes.

Albane, victime de ce rythme accablant m'a amenée à concentrer nos séances sur la vision qu'elle avait de sa propre existence. En pleurant, elle m'avait d'ailleurs glissé cette question : « *Mais vous croyez alors qu'il est possible que je ne m'oublie pas totalement pour ma fille ?* » Sa candeur et sa découverte m'avaient tiré les larmes des yeux.

Une structure personnelle à retrouver

Au fil de ma carrière s'est dessiné un schéma assez simple pour tenter de préserver l'équilibre maternel et je m'en suis inspirée pour ma patiente, alors si frêle et vulnérable. En le mettant sur papier pour elle, je me suis aperçue qu'il reposait sur les tableaux que j'élaborais pour mes démarches de soins patients, lorsque j'exerçais en tant qu'infirmière. Décidément, ma blouse me poursuit dans chaque recoin de ma consultation ! J'aime cette blouse (d'ailleurs, il ne s'agissait pas d'une blouse, mais d'un pyjama…)

Bref, voici de quoi il s'agissait, par exemple :

PROBLÈME	SIGNES	ACTIONS	RÉSULTAT
Douleur épisio	Pleurs, œdème	Glace, antalgiques	Soulagement

Pour Albane, voici de quoi il s'agit :

ÉMOTION/ÉTAT	BESOIN	ACTION	RÉSULTAT
Fatigue	Repos	Dormir	Mieux-être global

C'est aussi simple que cela ! J'ai recommandé à Albane de l'apprendre et en conscience de le compléter en fonction de ses différentes émotions, tout en lui précisant qu'il faut se rendre au bout du raisonnement pour espérer un effet physique et psychique positif. En effet, si elle ne faisait que constater sa fatigue et se répéter qu'elle a besoin de repos, cela ne suffirait pas. Seule l'action permet la mise en route d'un levier salvateur et d'un résultat confortable, mais reconnaissons aux deux étapes précédentes le mérite d'avoir impulsé tout le système. Chacune d'elles est donc nécessaire.

« Vous m'avez appris que tout était une phase, avec un début et une fin et non un tunnel dont je ne sortirai jamais. »

Ainsi, Albane, toujours très sensible à mes propositions – on se voyait une fois par semaine –, très concentrée et actrice de sa prise en charge, a pris soin d'elle : a continué à pratiquer le yoga, s'est octroyée un week-end à Londres et quelques cinés, musées et restos avec ses amis et Vincent, a repris le vélo chaque jour et a régulièrement confié Iris à sa famille pour souffler, mais aussi pour inspirer cet oxygène, source de vie. Elle s'est redécouverte. Elle a aussi veillé à compartimenter les temps professionnels et personnels, ce qui n'est pas évident lorsqu'on télétravaille. Notons qu'il est toutefois plus aisé de ne pas laisser la vie pro s'infiltrer dans la vie perso. Le contraire est plus utopique, car les courses à faire, les rendez-vous à prendre et à honorer, les dîners à préparer, les vaccins à vérifier, les nounous à payer, les lessives à lancer, les habits trop petits à ranger et les plus grands à acheter s'invitent dans vos réunions avec votre boss ! Assidue, déterminée, attachante, Albane s'est lentement réincarnée après avoir quitté ses chaussures le jour de son accouchement. « *Je commence à atterrir de ce voyage. Aujourd'hui je me rapproche de moi et de ce que je suis, alors que tout a changé, c'est un beau voyage de soi.* »

Elle est de nouveau née et a repris vie, malgré sa fatigue latente : « *vous m'avez appris que tout était une phase, avec un début et une fin et non un tunnel dont je ne sortirai jamais* ». Tunnel ou pas, Albane *is back* ! De son voyage (ça en fait un de plus sur sa liste), elle a rapporté une image que je lui ai glissée et qu'elle a concrétisée grâce à un phare. Son phare, c'est celui des Baleines, sur l'île de Ré, pour qu'elle ne perde plus jamais le cap, le cap de son être, de son existence, de jour comme de nuit. « *Je suis plus sereine, j'ai plus confiance en moi, je suis hyper fière de ma fille, de nous. Iris est aussi incroyable que sa naissance.* » Elle a eu la gentillesse de m'offrir un galet de cette île, que j'aime beaucoup : le phare est dessiné dessus. Ce genre d'attentions me touche toujours tant.

Pas à un défi près, Albane a de nouveau changé de travail, pour se prouver qu'elle en était encore capable et pour nourrir son besoin de se prouver à elle-même et aux autres toujours plus. Pour vivre sa vie !

Vincent et Albane, pas tout à fait remis de leurs nuits blanches, des premières maladies, des premiers pas, des sentiments, des joies, des découvertes et de tout ce qui jalonne une vie de parents, attendent leur second bébé, un petit garçon. Il est déjà l'un de ses sujets favoris lors de nos consultations.

Je crois bien que la femme-enfant a invité la mère et la femme la même année...

Douce route, flamboyante Albane !

Conseils

Pour résister à votre besoin de contrôle

L'une des premières leçons que nous offrent nos enfants est de tenir à distance notre besoin de contrôle. Rien ne se passant jamais comme prévu avec eux, il est bon d'apprendre à accepter les choses comme elles se présentent à nous.

— **Acceptez la situation** : pleurs, colères, problèmes pour le faire manger... Évitez de réagir comme si vous deviez tout résoudre dans la minute. Acceptez que cela ne tourne pas rond et tentez de trouver des solutions, car il y en a toujours. Cet état d'esprit sera toujours plus salvateur que de lutter et de s'acharner contre la réalité.

— **Faites-vous confiance** : lorsque vous sentez que vous perdez pied avec votre bébé, posez-le dans un endroit sécurisé. Puis prenez un rapide temps pour vous (aller boire un verre d'eau, respirez de l'air frais à la fenêtre ou dans le jardin, appelez un proche...). Dites-vous que dépasser un obstacle n'est qu'une question de temps car le problème va bien finir par se résoudre. Accordez de la confiance à tous les niveaux : vous-même, votre bébé, votre dyade et l'équipe que vous formez avec votre personne-ressource.

— **Imaginez d'autres manières de faire** : souvent, les mères sont attachées à leur manière de s'occuper de leur bébé et ont du mal à déléguer certaines tâches ou même à percevoir d'autres façons de s'occuper de lui. Prenez du temps pour y réfléchir, parfois votre enfant a juste besoin de sentir qu'une autre option est possible et c'est un cadeau merveilleux à lui faire ! *Open your mind* !

*« Pensez toujours à témoigner
et à partager votre expérience
pour aider d'autres mamans à surmonter
les difficultés de la maternité, qui reste
la plus belle expérience d'une vie. »*

Marie

Marie

Le couple à l'épreuve de la parentalité

À la naissance de leur premier enfant, le couple de Marie et Mathieu s'est perdu, n'arrivant plus à communiquer ni à se comprendre. Marie a ressenti le besoin de se retrouver seule pour apprendre à faire vivre en elle sa nouvelle identité de mère, sans oublier qui elle était. Après quelques mois, ils ont pu se retrouver et s'aimer à nouveau, en famille.

L'histoire qui me relie à Marie, 38 ans, pourrait être une pièce en trois actes. Nous nous sommes d'abord découvertes en tant que collègues, je me souviens de son accueil bienveillant, de son objectivité et de son professionnalisme. Assez semblables et sensibles, nous sommes devenues amies – se retrouver en pyjama lors d'un week-end de travail, ça aide – et enfin elle est devenue ma patiente, durant quelques mois, ce qui m'a honorée et touchée.

« *Une petite surprise est en préparation et je vais sûrement avoir besoin de toi* » a été sa délicate façon de solliciter ce dernier pan de notre relation, mais aussi, et surtout, de m'annoncer qu'elle était enceinte. Son besoin « *d'anticiper certains points de difficultés autour de la future naissance de son second bébé* » se rattachait à sa première expérience douloureuse, qui pourrait se comparer à une traversée du désert, durant laquelle son couple et elle ont volé en éclat. « *J'ai subi et mon mari a vrillé.* »

Accepter sa nouvelle identité et sa vie de maman

Mariée à Mathieu, déjà papa de Lucas, âgé de 12 ans, elle a accueilli avec lui leur fils, nommé Gabriel, qui a aujourd'hui 4 ans. Un petit garçon aussi blond que sa maman et aussi facétieux que son papa ! Sa jeune maternité, qu'elle imaginait « *idyllique* », a certes comblé « *le petit gros bout qui manquait pour me sentir complète* », a satisfait sa curiosité et son attrait pour les bébés, mais l'a aussi mise face à une dépression du post-partum sévère, un gouffre sans précédent. Malgré une grossesse épanouie, les heureux préparatifs de leur mariage et un bel accouchement, c'est une montagne qui s'est élevée contre elle après la naissance de Gabriel : « *je n'avais aucune idée du chamboulement que ce serait. Je ne voulais pas entendre que toute ma vie changerait alors que je n'avais pas le choix* ».

« Tout ne change pas,
mais rien ne sera plus jamais comme avant. »

À travers ce constat, Marie résume, avec la sensibilité et la finesse qui la caractérisent, en quoi consiste le « devenir maman », appelé aussi « matrescence ». Ce terme moderne, peu glamour et plutôt réducteur décrit « la crise d'adolescence des mamans », un processus aussi vieux que le monde, mais de plus en plus documenté. Pour élargir le champ, je décrirai cette période ainsi : il s'agit de la crise identitaire la plus forte d'une vie, une étape maturative qui est accompagnée de nouvelles responsabilités, d'un lien indescriptible à tisser et de nombreux changements aux niveaux psychique, physique, sentimental, familial, professionnel et sexuel, qui débute dès le désir d'enfant, qui ne prend peut-être jamais fin et qui recommence à chaque grossesse. Comme je le dis régulièrement en consultation : « *tout ne change pas, mais rien ne sera plus jamais comme avant* ». C'est la période nécessaire pour se sentir à l'aise dans un nouveau rôle, qu'on a, le plus souvent, voulu endosser, mais qui peut déstabiliser. Il est aisé de comprendre que ce temps bouleversant et vertigineux nécessite d'être accompagnée, soutenue, encouragée, entourée et rassurée.

Quand le couple ne se retrouve plus

Marie aurait aimé plus partager ses doutes, sa souffrance et sa solitude face à sa montagne et plus particulièrement avec son mari, son « *indispensable allié* ». Mais cela n'a pas été possible, car Mathieu, même en tentant de lui tendre une main, n'a pas bien compris de quoi souffrait sa femme. Il n'est d'ailleurs pas une exception. Il est en effet ardu de saisir la détresse de l'autre et il se peut que les croyances, l'éducation, le vécu, la culture et le caractère de l'un éloignent de l'autre. Déjà père et presque rôdé au « devenir papa », « *c'était un plus, mais on était en décalé* », il n'a pas eu accès aux méandres que cette dépression cachait. Moins il comprenait, plus elle s'enfermait, plus il s'éloignait, plus elle compensait et s'épuisait. Dépassé, démuni et impuissant, au bout d'un an, il a fini par partir. Lorsqu'un couple connaît une crise et des conflits dans les mois qui suivent une naissance, on parle de « *baby clash* ». Ce dernier concerne environ 65 % des couples et 20 % d'entre eux finiront par se séparer, selon une enquête réalisée par l'application WeMoms et l'Institut Elabe. Ces chiffres viennent confirmer un des objectifs de ma prise en charge : veiller sur les conjoints et les très proches de mes patientes, dits « aidants naturels » ou « personnes-ressources », car il est déstructurant et douloureux de voir un proche tant souffrir. Mettre de la distance est un moyen de protéger une relation, en ne se disant plus ou en se faisant plus de mal. Il ne faut donc pas les juger, mais tenter de les comprendre.

Marie s'est retrouvée sans son mari, mais avec son fils. Elle a ressenti une immense tristesse, chez elle, au travail, partout, tout le temps, et une douleur aussi forte que l'amour qu'elle ressentait toujours pour Mathieu. Mais cette solitude a été également pour elle l'occasion d'accueillir ses émotions, qu'elle n'avait, enfin, plus à cacher. L'absence de masque lui a permis de se « *donner le temps de devenir la maman que je voulais, à savoir une maman qui ne pleure pas, qui reprend confiance en elle et qui est là* ». Abandonnant la lutte, pleinement dédiée à s'occuper de sa « montagne » et de Gabriel, Marie a consulté un médecin qui l'a mise sous antidépresseurs et une psychologue qui l'a suivie de longs mois. Dans le même temps, elle a aussi pu mesurer combien ses proches, comme sa maman et son amie Blanche, souhaitaient lui témoigner du soutien et l'aider : « *savoir qu'elles étaient là pouvait suffire* ». Alors qu'elle ne luttait plus, elle a pu guérir et se retrouver mère, « *j'avais besoin de ce moment seule* », et une spirale vertueuse s'est installée, au fil des semaines.

Le temps de se forger un nouveau soi

De son côté, Mathieu aussi a fait l'expérience de la solitude et mis à profit ce temps pour reprendre une respiration, entretenir son lien avec Gabriel et avoir plus facilement accès à ses sentiments : il aimait toujours sa femme, il la retrouvait au même rythme qu'elle se retrouvait. Alors, après une année loin l'un de l'autre, « *nous nous sommes retrouvés, comme un retour à la normale* ». Ils se sont aimés, ont repris, ensemble, le chemin de leur famille et huit mois plus tard, leur second bébé s'est niché, par surprise, au creux d'elle. « *Tu essaies de te préparer à tout et il t'arrive LE truc que tu n'avais pas imaginé !* » À l'annonce de cette nouvelle grossesse, ils se sont sentis assez ambivalents, à la fois choqués et angoissés pour leur couple tout neuf, mais aussi ouverts et chanceux d'accueillir ce bébé, « *un cadeau de Dieu, à vivre et à vivre bien* ». Plus que tout, ils étaient décidés à veiller l'un sur l'autre et sur leur couple et à « *ne pas commettre les mêmes erreurs en discutant plus* », forts de leur expérience et de leur foi.

« Nous nous sommes retrouvés, comme un retour à la normale. »

C'est ce passé qui l'a poussée à me consulter, alors qu'elle était enceinte de sept mois et demi de leur second fils. Elle est alors longuement revenue sur leur histoire et les stigmates qu'elle avait laissés : la peur de l'abandon, la peur de la dépression du post-partum, la peur de la souffrance, la peur d'agrandir la famille. J'ai profité de ce moment pour accueillir ses angoisses, ne plus faire comme si elles n'existaient pas et l'inviter à faire de même en visualisant chacune d'elles tel un nuage qui passerait au-dessus de sa tête puis disparaîtrait avant de repasser. Il est important d'aller chercher une pensée-soleil pour se réconforter. De plus, j'ai insisté sur ce qu'elle avait gagné en traversant ces étapes, de la naissance de Gabriel à ses retrouvailles avec Mathieu. En effet, Marie et son couple ont découvert qu'ils étaient en mesure de dépasser la souffrance, les difficultés mais aussi leurs divergences, leurs incompréhensions, leurs non-dits et leurs différences (caractère, culture et sensibilité) : « *on a la délicatesse de se comprendre et d'être présents l'un pour l'autre* ». La douleur d'hier s'était muée en force d'aujourd'hui, nouvelle base à une confiance maternelle, personnelle et conjugale. Je ne sais pas à quel point Marie l'a ressentie et mesurée, mais elle n'a pas demandé d'autres consultations jusqu'à ce message : « *je pense que j'ai besoin d'une séance, je suis toujours à la maternité, mais les suites de couches ne sont pas top* ».

Une épreuve physique fragilise la confiance

Je crois que c'était la première fois que je consultais en direct de la maternité et la démarche de Marie prouvait à quel point elle avait compris qu'il ne fallait pas rester seule trop longtemps avec ses émotions. Je ne cesserai jamais de répéter que tout ce qui est exprimé permet de soulager le corps, le cœur et l'esprit. Alors, parlez, dites ce qui vous traverse !

Ce choc risquait d'écorcher son équilibre et même son couple.

Son accouchement s'est bien déroulé, mais, une fois dans sa chambre avec son bébé, nommé Raphaël, elle n'est pas parvenue à uriner. C'est alors que l'équipe soignante a compris qu'elle était victime d'un « claquage de vessie » : en cas de rétention urinaire négligée, la vessie se distend, ne parvient plus à se contracter et la miction est alors impossible. Il faut que la patiente se sonde toutes les quatre heures pour vider sa vessie, après avoir appris cette technique invasive, grâce au personnel paramédical. Ainsi éduquée à l'autosondage urinaire, Marie ne s'est pas sentie pour autant soutenue psychologiquement pour se faire à l'idée qu'elle aurait à le pratiquer pendant de longs mois. Elle se sentait très triste et impuissante. Ce choc représentait une atteinte à son intégrité physique et psychique et risquait d'écorcher son équilibre, et même son couple.

Dans la médecine traditionnelle chinoise, chaque organe ou partie du corps porte une symbolique psychologique. Celle de la vessie est le territoire, l'espace vital dont nous avons tous besoin pour nous sentir équilibrés. Nous pourrions donc évoquer la réactivation de la peur de Marie à la naissance de son deuxième bébé : celle de se perdre à nouveau et d'être en danger dans son espace, son territoire. La douleur psychique de Marie s'exprimerait alors sur sa vessie, symbole de sa propre identité.

Il est décidément impossible de tout prévoir et de se préparer à tout. Lors de cette séance, elle a été « *vraiment soulagée* » lorsque je lui ai dit qu'il était normal d'être perturbée et plombée par cette annonce, qui allait impacter son post-partum pour de longs mois. C'était une épreuve supplémentaire avec certes un début, mais surtout une fin : ça ne durerait pas toute la vie, « *c'est tellement vrai et rassurant ! J'avais besoin de l'entendre de la part de quelqu'un de solide et qui ne souffrait pas avec moi de la situation* ». Entre vous et moi, je ne faisais pas maligne et j'étais touchée. Je le suis régulièrement, d'ailleurs.

En plein post-partum, en plein allaitement maternel, en pleine découverte de son bébé, de sa famille à cinq, en pleine vulnérabilité émotionnelle, Marie allait rentrer chez elle avec un couffin et des sondes urinaires. La peur de voir son mari de nouveau partir s'est installée, car elle se sentait diminuée, pas à la hauteur, moche, incapable d'affronter une montée laiteuse, des rendez-vous médicaux et des autosondages urinaires. Je l'ai encouragée pendant plusieurs semaines à s'accrocher à la réalité : Mathieu, plein d'amour et d'admiration était présent et lui faisait remarquer « *cette fois-ci, je reste !* », utilisait l'humour pour dédramatiser les autosondages et la faisait rire. Son bébé peinait, certes, à grossir, mais allait bien, Gabriel était jaloux, mais câlin et gentil avec Raphaël et elle faisait front, s'occupait de sa famille et de sa santé avec un recul vertueux et toujours encouragée par son mari. Je me devais de valoriser leur entreprise en construction.

Un refuge pour se retrouver

Ensemble, nous avons dessiné un endroit, dans lequel elle pourrait se réfugier en cas de tempête ou de simple coup de vent. C'est la forêt qu'elle a choisie comme havre de paix et celle-ci n'a fait que pousser, au fil des mois. « *C'est un lieu régénérant, où je me projette pour aller mieux. Je la vois, j'entends les oiseaux chanter et l'eau couler.* » Elle s'y est rendue très souvent et particulièrement au moment de sa reprise du travail et de ses enjeux, auxquels Marie est très sensible et qui venaient s'ajouter à sa vulnérabilité. Je précise que vulnérabilité ne veut pas dire fragilité ni faiblesse, mais qu'il est pertinent de la reconnaître, d'en prendre soin ou de la confier à des praticiens formés pour la transformer tranquillement en atout, voire en force.

Marie, à l'écoute de ses montagnes russes, me faisait alors part d'une sensation de morcellement, évocatrice de dépression. Nous avons bien identifié que certains symptômes de dépression se manifestaient : elle a alors pris peur, s'est « *enfermée* », car tout semblait recommencer. Elle a été mise de nouveau sous traitement, alors que Raphaël avait environ 8 mois. Je précise ici qu'un antécédent de dépression est un facteur favorisant la survenue d'un autre épisode dépressif, mais aussi que TOUTES les futures

et jeunes mamans peuvent être touchées par cette maladie. Nous sommes toutes concernées, et qu'en tant que soignante, mon œil se doit d'être affûté.

L'accompagnement s'est arrêté au moment où elle a chaviré (dans une moindre mesure que la première fois). La raison était financière : elle ne pouvait plus me payer et ne souhaitait pas de séances gratuites comme il m'arrive d'en proposer en cas d'urgence. Mais notre amitié, elle, a continué de s'épanouir, comme ses fils. Aujourd'hui, Marie a récupéré le fonctionnement de sa vessie, après de longs mois de rééducation et de patience. Son lien avec ses deux fils est très fort, et elle a gagné une forêt dont elle ressort toujours apaisée. Son mari, sur lequel elle peut compter, est l'amour de sa vie, son guide, son ressort, son métronome, « *il me regarde avec ses yeux d'amour, comme lors de la naissance de Gabriel, sauf qu'à l'époque je ne voyais plus qu'il m'aimait* ».

Je leur souhaite de toujours rester soudés et de communiquer pour passer les vagues de la vie et du plus près possible, je veillerai toujours sur elle. Au minimum en tant qu'amie.

Conseils

Protéger son couple à l'arrivée d'un bébé

Un sujet bien vaste que l'on aimerait toutes maîtriser ! Voici quelques réflexes à adopter pour préserver le lien :

— **Imaginez-vous parents pendant la grossesse** : confrontez vos idées et débattez, c'est essentiel pour être sur la même longueur d'onde. Quel projet de naissance ? Allaitement ou biberon ? Va-t-on pratiquer le cododo ? Quel mode de garde préfère-t-on ? Quand programmer la reprise du boulot ?... Parlez-vous avant, pendant et après la grossesse. Ne gardez pas les manettes, partagez vos avis !

— **Soyez soudés, toujours présents l'un pour l'autre** : aux échographies et rendez-vous médicaux, à la préparation à la naissance, aux achats pour bébé, aux éventuels travaux... Lorsque le coparent s'implique dès le départ, la confiance s'établit autour du projet et évite certaines craintes, et en particulier celle d'être seule.

— **Soyez un soutien pour l'autre** : relayez-vous quand vous n'en pouvez plus, sachez que vous pouvez compter sur l'autre dans tous les cas, même la nuit ! Une équipe qui gagne est une équipe soudée ! Comme au foot !

— **Privilégiez des moments à deux, même courts** : le soir devant un film, un resto à l'extérieur ou à la maison, un ciné, une balade, un week-end. Les possibilités évoluent avec l'âge du bébé. Créez des moments à deux, car ils ne s'inviteront pas tout seuls. Pensez plaisir et simplicité !

— **Voyez des proches qui vous font du bien !** Mais en organisant les visites pour ne pas briser votre intimité, votre cocon, votre famille, votre unité. Partager du bonheur en famille et entre amis est aussi un moyen d'être heureux en couple. « Le bonheur est la seule chose qui se multiplie quand on le partage », dit le Dr Albert Schweitzer !

— Et enfin : **privilégiez le calme**, reposez-vous pour avoir la force et le mental de tout surmonter ! Le tout au service de l'harmonie conjugale, pilier de la famille.

« Acceptez de vous faire aider,
car la vie est encore plus belle après !
Je souhaite à tout le monde
de trouver la personne qui l'aide
à se retrouver elle-même. »

Camille

Camille

Revoir ses priorités pour ne plus souffrir

Après avoir traversé une dépression du post-partum à l'arrivée de son premier enfant, Camille décide de mettre son bien-être au centre de ses priorités. Elle regagne petit à petit en confiance et assume avec brio et joie ses responsabilités maternelles pour la naissance de ses jumeaux.

Dès la fin de sa première grossesse, Camille, 34 ans, a ressenti un profond mal-être, auquel elle a tenté de ne pas prêter attention, car elle souhaitait tenir à l'écart la dimension psychique de ce qu'elle vivait. Tâche ardue à quelques semaines de son accouchement. Néanmoins, elle notait bien qu'elle ne parvenait plus à se mettre en action et qu'elle avait besoin du soutien constant de son mari, Florent : « *je ne faisais rien seule, pas même ma valise pour la maternité* ». Son état préoccupant se trouvait renforcé par son grand manque de confiance en elle et par la santé mentale très fragile de sa maman, sur qui elle sentait bien qu'elle ne pourrait que peu compter au moment de la naissance de son bébé.

Quand la responsabilité parentale est trop lourde à porter

Une fois son fils Sacha mis au monde, une violente ambivalence a dévoré les semaines qui ont suivi leur retour à la maison. D'un côté,

Camille souhaitait être à la hauteur de son « *nouveau job* » et réaliser les nombreuses tâches qui lui incombaient, de façon assez mécanique « *pour l'éduquer* ».

Son enfant était à la fois l'objet de ses plus grandes souffrances, mais aussi de son amour le plus intense.

D'un autre côté, elle avait envie de confier son bébé à un proche pour ne plus avoir à occuper cette fonction. Alors que cette dualité grondait de plus en plus fort, son amour pour lui ne faisait que grandir, ce qu'elle n'avait pas prévu : « *avant Sacha, maternité et amour infini ne rimaient pas* ». Son enfant était à la fois l'objet de ses plus grandes souffrances, mais aussi de son amour le plus intense. Comment allait-elle pouvoir le « *refiler* », alors qu'elle l'aimait ? Comment s'en libérer ? C'est cette question tenaillante qui a fini par la prendre au piège et qui a généré en elle angoisse, peur, hypervigilance et dépression du post-partum.

Enfermée dans sa nouvelle prison, Camille, toute à sa solitude, a conclu que ce n'était pas lui le problème, mais elle : « *je vais mourir si je reste coincée là* ». Alors pour ne pas mourir, elle a eu le courage de décrocher son téléphone pour solliciter un rendez-vous chez un psychiatre. Il l'a prise en charge très rapidement, lui a prescrit des antidépresseurs et une cure de sommeil à domicile. Celle-ci n'aurait pas été possible sans le très précieux concours de Florent, de ses parents et de ses beaux-parents, « *ainsi, je ne me sentais plus comme étant la seule responsable de Sacha et je dormais* ». De plus, des consultations avec ce médecin, en qui elle avait une grande confiance et avec une psychologue « *qui n'a pas vu l'urgence dans laquelle je me trouvais, mais peut-être que je lui cachais* » avaient lieu régulièrement. Petit à petit, Camille a repris son souffle, a repris vie.

Toujours à la recherche de compagnie et d'encouragements, Camille avait ses habitudes dans un lieu *baby-friendly.* Je l'ai croisée lors d'un atelier que j'animais sur le lien maman-bébé. Elle tentait de cacher un petit air timide et presque étonné d'assister à ce genre de discussions, comme si elle doutait elle-même de l'importance de sa présence, en ce club prisé et effrayant dont elle faisait désormais partie : celui des parents. « *Ça me faisait du bien d'y être, mais ça me faisait aussi peur, car tu posais des mots sur des choses que je n'avais pas envie de creuser.* » Nous avions alors échangé quelques mots et sourires complices.

Sa guitare à la main, elle y chantait parfois des comptines et une dizaine de bébés lui faisaient face. Parmi eux, le sien : Sacha, dit Sachou, âgé de 3 mois, celui par qui est arrivé ce « *chamboulement émotionnel* » bien loin de l'image aseptisée, froide et dénuée de sentiments que, plus jeune, elle imaginait comme la simple *« obligation de faire de son enfant un adulte responsable ».*

L'histoire aurait pu s'arrêter là, mais…

Camille a suivi son chemin, Sacha a grandi, leur lien aussi et elle souhaitait, désormais, transformer l'essai en dévouant à son tour sa profession aux mères. Elle a alors quitté son poste de responsable commerciale d'une banque pour co-fonder *Le Couffin*, une ancienne plateforme de vidéos disponible sur internet, dédiée aux futurs et jeunes parents. Il se trouve que j'étais experte pour *Le Couffin* en tant qu'experte en périnatalité.

La relation qui nous unit aujourd'hui est née de ce *Couffin.*

Alors qu'un jour nous divaguions sur la difficulté des mamans à demander de l'aide et à prendre rendez-vous avec des professionnels de santé, Camille a osé se lancer : « *Barbara, je te le dis à toi, j'attends un bébé et comme je ne veux pas revivre ce qu'il s'est passé, je veux te voir en consultation* ». Je me souviens de ma joie lorsqu'elle m'a annoncé que leur second bébé était en route, car je la sentais ancrée, entourée, décidée à prendre soin d'elle et c'est naturellement que j'ai répondu par la positive à sa requête. Je précise que j'ai la chance de jongler facilement entre mes différents rôles : consultante en périnatalité, partenaire, auteure, collègue ou amie.

Prendre le temps de gagner en confiance

Ainsi a commencé l'accompagnement de Camille. Très tranquille en ce tout début de grossesse, elle venait chercher auprès de moi une certaine légitimité à endosser de nouveau ce rôle de maman. Il était assez aisé de la garder sereine tant son nouveau bonheur venait la combler elle et son mari.

L'échographie de datation leur a réservé une immense surprise : « *tu ne vas pas me croire, j'attends des jumeaux* ! », m'a-t-elle annoncé dans un éclat de rire. Elle était excitée, éberluée et resplendissante. Elle a pris le temps de s'imprégner de cette nouvelle et a légèrement déchanté dans les semaines qui ont suivi, en réalisant que trois enfants, trois garçons d'ailleurs, allaient bientôt peupler leur petit appart. J'ai consacré de nombreuses séances à la guider, à lui indiquer le chemin des réponses aux mille questions qu'elle se posait – partir en province ou pas, se rapprocher de la famille ou pas, déménager oui, mais où, moduler ou pas son comportement avec Sacha... – sans jamais lui donner la réponse, car il n'y en a pas de bonne ou de mauvaise, il y a juste la sienne. Ceci participait à cajoler sa fragile confiance en elle, « prendre ce temps de réflexion, un vrai temps pour moi, en consultation me fait du bien ».

Se cachait toujours en elle la peur de la récidive de la dépression. Camille était encore sous traitement et était très marquée par toute cette souffrance, « *Cette histoire est toujours là, elle fait partie de moi, je vis avec.* » Elle avait raison et il n'était pas question de faire comme si ce n'était pas le cas. Alors, ensemble, nous avons travaillé sur elle, sur ce qu'elle avait gagné. Elle y avait forcément gagné quelque chose tant elle se sentait différente, plus forte, incarnée, alignée. Au fil des séances, il est ressorti l'essentiel de son être. Camille connaissait désormais son unique priorité : son équilibre personnel mis au service de sa famille, « *je suis à mon écoute pour m'entendre puis me repositionner* ».

Elle a appris à compartimenter ses journées.

Sa grossesse lui a d'ailleurs largement permis de mettre en pratique cette révélation. En effet, elle a naturellement eu tendance à faire primer le travail sur sa fatigue, ses rendez-vous médicaux et même son congé maternité. Sa difficulté était de se faire valoir, tellement elle avait peur de décevoir. Très empathique, Camille se demande toujours ce que va penser l'autre avant d'interroger ses propres émotions et besoins. Alors, elle s'est exercée, chaque jour, à prioriser sur elle-même, sa grossesse, Sacha et Florent. Elle a appris à compartimenter l'espace professionnel de l'espace personnel, elle a organisé son quotidien en veillant à dégager du temps pour elle et a écrit sur des Post-it® des petites phrases, glanées lors de nos rendez-vous, comme *« Je ne suis pas mon travail », « Je sais ce que je veux », « Je connais ma priorité »*. À force, elle s'y est tenue, non sans mal, mais à chaque fois qu'elle se sentait à l'équilibre, elle exprimait de plus en plus fort ses besoins et ses émotions. C'était un cercle vertueux. À l'inverse, lorsqu'elle sentait que c'était moins facile, elle appliquait un de mes préceptes : *« lorsque je n'ai pas le moral, je fais ce dont j'ai envie, je me fais plaisir, à moi et rien qu'à moi, Camille ».* Ceci la conduit à se recentrer, souffler, reprendre des forces, faire attention à elle, renforcer ses ressources plutôt que les épuiser et elle se sent ainsi plus disponible pour sa famille.

Donner la priorité à son bien-être

C'est sur ce nouvel axe que Camille a accueilli avec son mari et Sacha leurs jumeaux Abel et Gabriel. Une bulle de bonheur et d'amour les a entourés et protégés. L'accouchement, comme l'allaitement maternel, se sont très bien passé, *« j'ai l'impression d'être une* superwoman ». De quoi se sentir en confiance et ne pas quitter des yeux sa priorité ! Camille faisait en sorte de ne pas l'oublier et profitait de nos séances pour exprimer tous ses tracas et émotions afin de prendre soin d'elle et surtout faire un pied de nez à la dépression du post-partum qu'elle redoutait. Elle me confiait alors tout ce qui lui passait par la tête pour être rassurée : le sommeil de Sacha, leur lien, sa fatigue, le temps qu'elle passait avec un jumeau et moins avec l'autre, son couple, sa relation au travail, la nounou, la crèche, le sevrage, l'organisation du quotidien, l'envie de prendre du temps pour elle... Je reprenais tout point par point tous les quinze jours ou tous les mois et à chaque fin de séance, son soulagement venait éclairer son visage. D'ailleurs, elle veillait le plus souvent à être seule pour me parler alors que l'agitation grondait en bas, mais il y avait de la famille pour la relayer. Je sais d'ailleurs combien la présence et le soutien de sa maman, bien plus disponible que la première fois, lui ont été précieux et à quel point elle était attendrie de la voir tricoter pour ses petits-fils. J'avais parfois la chance d'apercevoir un petit bout de nez à son sein ou endormi dans ses bras. Ses bébés lui allaient vraiment bien, elle aimait tellement l'entendre et elle allait bien.

Sacha a 3 ans, il est entré en petite section de maternelle, Abel et Gabriel ont un an, gambadent, grimpent sur tout ce qu'ils trouvent et ils mettent tous les trois des couleurs dans sa vie... Florent et Camille cherchent toujours des compromis pour harmoniser l'éducation qu'ils donnent à leurs fils et veillent ensemble sur leur couple. Ils ont trouvé un bel équilibre à cinq, qu'ils préservent coûte que coûte. Camille me consulte environ une fois par mois pour être renforcée dans ses choix ou être réconfortée dans ses émotions et s'appuie sur son traitement., qu'elle ne tardera pas à arrêter.

Cette famille est née de la souffrance puis de la renaissance et enfin de la complétude d'une femme, devenue mère, qui a donné la priorité à son bien-être envers et contre tout. Si la résilience, cette capacité à tirer un aspect positif d'une épreuve difficile de la vie, devait avoir un porte-drapeau, je la désignerais, au risque de l'intimider au lieu de l'honorer. Elle le mérite tant qu'en l'écrivant ici, elle se fera peut-être mieux à l'idée. Allez, Camille, soulève ton drapeau et fend la bise !

N'oubliez jamais que tout est possible !

Conseils

Appréhender au mieux son rôle de mère

Et si devenir maman vous faisait plus peur qu'autre chose ? Voici les principaux conseils que l'on peut suivre pour affronter ce nouveau rôle :

— **Parlez-en à des professionnels** : ils sont là pour tout entendre, et ont déjà tout entendu ! Aucune hésitation à avoir donc pour déverser ses angoisses et se donner la possibilité d'être correctement réconfortée et entendue. Il n'y aura aucun jugement de leur part et vous vous sentirez accompagnée dans cette épreuve. Certains membres de votre entourage peuvent aussi vous éclairer et vous soutenir.

— **N'écoutez pas les injonctions** : elles sont terriblement nombreuses sur le thème de la parentalité ! En particulier pour les mamans. Faites en sorte de ne pas les considérer et avancez à votre propre rythme, sans jugement. Fermez vos oreilles aux « *il n'y a qu'à...* », « *tu devrais...* », « *à ta place...* », « *si j'étais toi...* » et écoutez votre petite voix intérieure. Elle cherche à vous parler. Promis !

— **Avancez par petites étapes** : les objectifs doivent être simples et faciles à atteindre. Il ne faut jamais viser trop haut lorsque l'on se sent fragile, au risque de se décevoir encore plus. Se lancer des petits défis quotidiens, comme sortir bébé au parc une heure ou lui faire un nouveau petit pot, sont de bons exercices pour se redonner confiance sans pression. Donnez-vous du temps.

— **Félicitez-vous** : dans un petit cahier, notez les progrès petits ou grands, les avancées, les compliments de votre entourage ou ceux que vous apprendrez à vous faire. Ceux-ci vous permettront de rester positive et optimiste.

Épilogue

Pour clore ce livre, j'aimerais vous raconter un pan de mon histoire familiale. Une histoire de femmes et avant tout de maternité avec ses grands bonheurs, mais aussi ses douloureuses épreuves qui ont imprégné nos générations, de ma grand-mère à mes filles, en passant par ma mère, ma sœur et moi.

Ces événements ont résonné dans nos cœurs, nos vies, nos désirs de maternité et ont fait naître, pour mes deux filles et moi, la vocation d'être au plus près chaque jour des jeunes mamans.

« Aimez sans essayer de recevoir
et laissez-vous guider par votre instinct. »

Christine

Christine, ma maman

Quand un deuil passé vient assombrir une nouvelle naissance

Après une maternité heureuse et épanouie pour ses deux premières filles, Christine a rejeté pendant quelques jours son petit garçon à sa naissance et a traversé une grave dépression du post-partum. La raison ? Les souvenirs d'une histoire familiale tragique qui refont surface.[1]

Vous avez toujours voulu être maman depuis petite fille, racontez-nous comment est arrivé votre premier bébé ?

Eh bien, j'ai fait l'amour une seule fois avec mon futur mari et je suis tombée enceinte à 19 ans ! Cela faisait des années que j'avais envie d'avoir un bébé, même si ce n'était pas le projet immédiat. Le livre de grossesse de Laurence Pernoud était déjà ma bible, petite ! J'étais très versée « bébé » depuis l'enfance. J'ai eu ma dernière poupée à 15 ans (qui avait la taille d'un vrai bébé) et j'ai découvert à 19 ans ma grossesse. Il ne s'est pas passé beaucoup de temps entre la maternité avec mes poupées et la vraie ! J'étais folle de joie d'être enceinte et mon mari a pris très au sérieux sa paternité.

Comment avez-vous vécu cette première grossesse ?

Cela a été ma meilleure grossesse, pas de stress. J'ai juste eu beaucoup de vomissements les quatre premiers mois et l'on m'a menacé à l'époque (en 1979) de m'enfermer dans une chambre noire si je continuais à perdre du

1. Propos recueillis et retranscrits par Amandine.

poids ! Ça s'est arrêté tout seul. Mes parents et mes beaux-parents nous ont beaucoup soutenus. Je me suis même mariée à trois mois de grossesse.

Et votre accouchement ?

Cela a été incroyable, Barbara est arrivée en deux heures alors qu'elle était en siège ! J'ai poussé trois fois avec la sage-femme et hop ! J'avais utilisé la sophrologie pendant ma préparation à la naissance et durant le travail, je pense que cela a dû jouer !

Votre lien a-t-il été immédiat ?

Magnifique ! C'était un superbe bébé blond aux yeux bleus, j'en étais folle. Le seul point noir est que j'ai eu du mal à allaiter, mais Barbara était un bébé très facile à vivre.

Vous avez été enceinte de votre deuxième enfant, Deborah, alors que Barbara avait 15 mois.

Oui, c'était voulu ! Nous étions ravis. Mais notre entourage trouvait tout de même cela un peu fou, à force ! C'est vrai que nous étions très jeunes (22 ans !), mais cela nous paraissait une évidence. J'adorais mes études de littérature, mais je les ai arrêtées sans regret. Je préférais me consacrer à mes enfants, c'était une évidence pour moi. Mes deux petites filles, ce n'étaient que du bonheur au quotidien ! J'ai des souvenirs de maternité sans aucun voile !

Vous avez ensuite eu un petit garçon à 29 ans, soit sept ans plus tard.

Oui nous avons attendu d'avoir une meilleure situation et un appartement plus grand. Lorsque j'ai été enceinte de William, j'ai eu des problèmes de contractions dès le départ, j'ai eu peur de le perdre pendant toute la grossesse et on a dû me mettre sous anxiolytiques.

D'où provenaient de telles angoisses ?

Ma mère a eu un garçon mort à 4 ans dans un accident de voiture, alors je culpabilisais beaucoup d'en porter un. Je suis née quatre ans après son décès et cela a beaucoup pesé sur moi, mon enfance et mon adolescence tant ma mère souffrait et me disait que je lui ressemblais... J'étais triste pour elle car je l'adorais. Je me réfugiais beaucoup dans mes poupées, dans ma chambre. Ma mère connaissait ce que je vivais car elle-même n'avait pas connu sa sœur, décédée à l'âge de 12 ans, suite à une péritonite. Sa maman lui parlait aussi beaucoup de sa grande sœur Ginette et était très angoissée, triste, discrète mais douce. La culpabilité que je ressentais, enceinte de mon fils, s'est confirmée à sa naissance puisque ma mère est venue me dire qu'elle était jalouse de moi. Ce sentiment n'a alors fait que se renforcer.

Comment s'est passée votre rencontre avec votre bébé ?

Pas bien. Je n'ai pas eu la maternité joyeuse cette fois-ci. Déjà, j'étais choquée par l'hémorragie de la délivrance que je venais de subir. Je regardais mon bébé, je ne le trouvais pas très beau. Je ne m'alimentais pas, on ne voulait pas me laisser sortir de l'hôpital. J'ai fait une dépression du post-partum terrible ! Je suis finalement rentrée chez moi et quand je suis arrivée à la maison, je suis allée me cacher entre le mur et l'armoire !

Que ressentiez-vous à ce moment-là ?

J'avais un sentiment de rejet envers mon bébé. Si j'avais pu le rendre, je l'aurais rendu ! J'étais sûre que je n'y arriverais pas. J'avais envie de fuir. Je ressentais une solitude énorme, un immense mal-être. J'ai honte de l'attitude que j'ai eue. Heureusement que mon mari était là pour s'occuper de William. Vers trois semaines, un mois, j'ai commencé à l'aimer progressivement, il avait un peu grossi... Mais j'allais toujours mal.

Aviez-vous réalisé à ce moment-là que vous viviez l'histoire de votre mère et sa grande détresse face à la mort de son fils ?

Je n'en avais pas du tout conscience. Et personne n'était là pour m'aider psychologiquement. À l'époque, cela ne se faisait pas. Mais je vivais bien sûr une histoire qui n'était pas la mienne. Je l'avais portée toute mon enfance et elle s'est réveillée à la naissance de mon fils.

Comment s'est amélioré votre lien avec lui ?

Au fil des mois, ma dépression est passée et je suis devenue folle de mon fils comme de mes filles. Le lien est devenu aussi fort. Ma grande fibre maternelle a pu dépasser mon traumatisme. Mais j'ai gardé de cette période des séquelles. Je suis toujours sous antidépresseurs, avec une certaine fragilité émotionnelle. J'ai été très anxieuse vis-à-vis de William jusqu'à ses 4 ans, la date d'anniversaire de la mort de mon grand frère.

Quand avez-vous compris que vous viviez l'histoire de votre mère ?

Lorsque mon fils a grandi, j'ai recollé les pièces du puzzle. Mais j'ai perdu mon insouciance pendant cette grossesse. C'est un fardeau que je ne lâcherai jamais.

Alice
SA GRAND-MÈRE
Ginette
SA TANTE
Eliane
SA MÈRE
Barbara
SA FILLE
Christine
Alain
SON FRÈRE
Deborah
SA FILLE
William
SON FILS
Annie
SA SŒUR

« Si cela vous arrive
de devenir maman : kiffez !
Sinon, kiffez quand même et aimez
les enfants des autres comme les vôtres. »

Deborah

Deborah, ma sœur

Une maternité non assouvie

Face à une stabilité psychologique parfois fragile, Deborah, qui rêvait depuis toute petite de devenir maman, a fait le choix de ne pas aller au bout de son désir. Pour ne pas se mettre en danger et ne faire prendre aucun risque à son bébé. Aujourd'hui à 41 ans et malgré un équilibre retrouvé, elle vit dans l'ombre d'un regret et remet en question sa valeur de femme.[1]

Quand est né votre désir de maternité ?

Mon désir de maternité est arrivé relativement jeune. Petite, je jouais beaucoup avec ma sœur. Papa nous avait ramené des poupons d'un voyage en Allemagne et on y jouait énormément ! Je n'ai jamais envisagé ma vie sans être maman, cela m'a toujours habité, avec un côté très idéalisé.

Pour vous, la famille était synonyme de perfection ?

Avec des Barbie®, on s'imagine toujours un monde merveilleux ! Et j'étais très fleur bleue. Je me suis toujours créé des histoires avec des mamans qui rentraient de la maternité, l'amour fou avec leur mari, de belles chambres de bébés. Aucun trou dans la raquette, aucun grain de sable. Cela ne pouvait se passer que de cette manière dans ma tête.

Alors que vous aviez 7 ans, votre mère a vécu un épisode douloureux de dépression du post-partum à la naissance de votre petit

1. Propos recueillis et retranscrits par Amandine.

frère William. Comment avez-vous vécu cela en tant que petite fille ?

Je n'ai pas très bien digéré son arrivée, déjà ! J'étais jalouse, car j'étais très bien avec ma sœur et il n'avait rien à faire dans le décor ! Super accueil ! J'ai été très loin de ce que maman a pu vivre à l'arrivée de William. Je suis restée dans mon monde, ce n'est pas venu perturber l'image parfaite que j'avais de la maternité. Mes refuges de jeux me permettaient de faire vivre la manière dont je voyais tout cela. J'ai fait abstraction ! Je suis comme ça de nature. Je sentais aussi que ma sœur était là, qu'elle gérait, et que je n'avais pas besoin forcément d'être de la partie.

À quel moment a ressurgi votre désir de maternité une fois adulte ?

À l'arrivée de mon neveu Théo, le premier fils de ma sœur. Un des moments les plus forts de ma vie ! D'ailleurs ma mère était encore plus inquiète pour moi que pour ma sœur ce jour-là ! J'avais des manifestations physiques, j'ai même failli m'évanouir. J'avais le sentiment de m'accomplir en tant que femme avec ce nouveau rôle de tata qui s'offrait à moi. Quand j'ai vu ma sœur avec son bébé dans les bras dans la chambre de la maternité, c'est comme si, en tant que femme, je venais d'être projetée dans une réalité folle et magique. À ce moment-là, je me suis dit que je ne pouvais pas passer à côté de ça ! Je trouvais ça dingue ! Fabriquer un petit être !

Comment expliquez-vous cette réaction si forte de votre part ? Est-ce à cause (ou grâce) à la relation fusionnelle que vous avez avec votre sœur ?

Oui, mes frère et sœur sont tout pour moi ! C'était une sensation folle que ma sœur m'a permis de vivre avec elle. J'ai pu être au cœur de l'événement, à la clinique. Je me suis dit : « Elle a donné la vie ! »

Aujourd'hui, votre désir de maternité n'a pas pu se concrétiser. Comment pourriez-vous l'expliquer ?

Je n'ai pas saisi les bonnes rencontres amoureuses et il y a aussi une peur en moi. Une peur de la relation. Même physiquement : embrasser, partager mon intimité a été très compliqué pour moi. J'ai été très investie dans mon travail, une sorte de fuite en avant. Ne pas se donner du temps pour le reste, on connaît ça... Tout cela a eu un impact très fort sur ma santé. Mais vers 35 ans, 38 ans, j'ai eu le projet de faire un bébé toute seule.

Étiez-vous poussée par l'horloge biologique ?

Oui, et la pression sociale ! Aujourd'hui, quand on approche la quarantaine, que l'on n'est pas marié et sans enfant, les gens s'interrogent. « *Mais pourquoi ? T'es homosexuelle ?* », « *Tu ne fais pas ce qu'il faut !* », « *Tu vas être toute seule !* » Cela me touchait... Je ne voulais pas passer à côté de ce qui était « réussir sa vie ».

Vous avez donc décidé de faire un bébé toute seule grâce à un parcours de PMA.

À 37 ans, je suis partie deux fois en Belgique avec maman. Mon père est Belge donc cela avait du sens pour moi. J'ai fait tous les rendez-vous avec les professionnels de santé et tout était OK physiquement pour moi. À l'époque, en Belgique, l'enfant né sous dons de gamètes pouvait connaître son géniteur à 18 ans. C'était important pour moi, car faisant un bébé toute seule et le privant ainsi de père, je voulais qu'il puisse avoir accès à ses racines. Mais lors de mon deuxième voyage là-bas, la législation avait changé, et cette reconnaissance n'était plus possible. C'était donc devenu un don anonyme. Cela ne me plaisait pas, j'avais le sentiment de ne pas laisser le choix à mon enfant d'être « complet », d'avoir ses deux « morceaux ». Ça a été le premier frein. Le deuxième frein a été ma sœur qui n'était pas à fond dans mon projet.

Qu'exprimait votre sœur à cette époque ?

Elle ne me sentait pas en forme et essayait de me faire comprendre qu'avoir un bébé est un vrai bouleversement pour une femme. Moi, la tête dans mon projet, je m'étais complètement affranchie de toute la charge opérationnelle, physique ou hormonale ! Je voyais quelque chose de forcément idyllique.

Votre sœur essayait de vous mettre davantage face à la réalité ?

Oui, face à la difficulté d'être mère, d'être une mère seule et aussi face à une fragilité psychologique qu'elle ressentait en moi qui lui laissait penser que ce n'était pas forcément le moment pour mon bien-être et celui du bébé.

Pour moi, je n'imaginais pas que mon bébé puisse aller mal. C'était évident que tout se passerait bien.

Comment avez-vous réagi aux mots de votre sœur ?

Je lui en ai voulu, parce que je pense qu'elle avait mis le doigt sur ma détresse. J'ai d'ailleurs été hospitalisée quelques mois plus tard. Je devais être dans une sorte de déni, une énergie finale. Cela m'a fait mal, car je l'avais toujours suivie dans tout ce qu'elle faisait et elle n'était pas à fond avec moi sur mon projet. Même si elle me disait qu'elle serait toujours là pour moi, qu'elle adhère ou non à cent pour cent, cela ne me suffisait pas. Ne pas avoir son adhésion totale compliquait les choses dans mon esprit.

Comment s'est déroulée la suite ?

Nous sommes partis au ski tous ensemble (ma sœur, sa famille et moi) et à chaque fois que je parlais de mon projet de bébé, elle l'évitait. Je me suis donc éloignée du projet. Mais cela ne tient pas de sa responsabilité. Je la remercie d'ailleurs aujourd'hui de m'avoir alertée. Cette période a été le point de rupture pour moi, s'en est suivie mon hospitalisation et un vrai *reboot* de mon côté ! Cela m'a permis de mettre le bébé au centre de ma réflexion et non uniquement moi-même. Et j'allais en effet le mettre en danger dans cet état psychologique que je ne mesurais pas. J'ai enfin réalisé que je n'étais pas capable d'y faire face lorsque j'ai repris mes esprits. J'étais seulement certaine de l'amour que je pouvais lui offrir, mais j'étais fragile et seule. Je ne voulais pas qu'il soit victime de mes failles.

Aujourd'hui, alors que vous allez mieux, avez-vous fait le deuil de ce bébé ?

Le désir est toujours présent dans ma tête, avec cette phrase qui me dit *« on ne t'appellera jamais maman »*.

D'où vient cette phrase selon vous ?

Ce mot « maman » est magique et compliqué pour moi. C'est très paradoxal. C'est comme si j'arrivais à me convaincre que, pour le bébé, je ne suis pas une mère idéale (même aujourd'hui, car je suis toujours dans une hyper vigilance de ma santé psychologique) et en même temps, si je suis complètement honnête avec moi-même, je suis vraiment bien dans ma vie, je suis heureuse ! Le vieux cliché : j'ai pris un chien que je peux aimer comme un compagnon au quotidien et j'ai le sentiment d'avoir trouvé un certain équilibre avec lui. Un projet de bébé aujourd'hui serait une mise en danger pour moi comme pour lui. Et je ne veux pas nous mettre en danger. Mais en même temps, je me dis toujours : et si ça se trouve, ça se serait bien passé...

Cela résonne comme un regret ?

Oui. Mais si ça se trouve, ça aurait été aussi une catastrophe ! L'image idéalisée de la maternité s'était pourtant éloignée de moi, j'ai réussi à l'anéantir en voulant faire un bébé toute seule. En revanche, j'étais certaine que tout allait être parfait avec mes bébés, qu'ils dormiraient bien, qu'ils seraient magnifiques et moi aussi... J'ai vu récemment une amie qui venait d'avoir un bébé et lorsque je suis partie de chez elle, son bébé hurlait et j'ai dû la laisser seule. Je me suis mise à sa place et j'ai réalisé que je n'aurais pas pu supporter cela. Étant de nature anxieuse, cela aurait été une épreuve plus qu'autre chose. J'aurais perdu les pédales... ou pas. Et ce « ou pas » va me hanter toute ma vie !

Avec ce « ou pas » que je n'ai pas suivi, je suis passée à côté de voir mon ventre grossir, sentir un bébé taper dans mon ventre, je suis passée à côté du truc le plus universel qui est au départ à la portée de toutes les femmes et qui fait notre singularité.

Est-ce que ce manque de maternité a blessé votre féminité ?

Oui, très honnêtement, je sais qu'au fond de moi, j'ai le sentiment de ne pas être accomplie en tant que femme car je n'ai pas donné la vie. Et je ne suis pas forcément légitime d'être une femme dans sa totalité. Je ressens un sentiment d'infériorité par rapport aux autres femmes. C'est pour cela que je me réalise énormément dans ma vie de tata. Mes neveux et nièces viennent remplir un vide. Je les aime, ils sont comme les miens ! C'est charnel ! C'est dans la peau de tata, et donc de cette femme-là que j'arrive à me réaliser. Et je n'ai que le positif ! Et quand un de mes neveux vrille et m'appelle maman sans le faire exprès, je kiffe ! Et pour cela, je remercie mon frère et ma sœur.

Est-ce que cela fait partie de votre quête de vous sentir pleinement femme un jour malgré ce manque de maternité ? Est-ce une démarche personnelle ?

Je ne suis pas certaine d'y arriver, il y a une carence permanente. J'ai su m'entourer de gens qui m'aiment pour ce que je suis et ne me jugent pas. Le regard des autres, je m'en fiche, c'est déjà le Graal ! Mais je souffrirai toujours de cette non-réalisation. Je n'ai pas été enceinte, je n'ai pas donné la vie, je n'ai pas eu des cernes jusqu'au bas du visage parce que mon bébé ne dormait pas, je n'ai pas allaité, je n'ai pas eu peur pour lui chaque seconde... Tout ça, je ne l'ai pas eu ! Donc, de toutes les façons, je ne pourrais jamais être au niveau de celles qui l'ont vécu. Et mon interrogation restera toujours de savoir si j'ai fait le deuil de ce bébé.

Mon histoire

« *Elle est où, elle est où, vous l'avez vue ?* » Non, personne ne l'a vue, ni le papa ni ses deux filles, mais tout le monde la cherche. L'ambiance est lourde, presque grave, note une petite fille blonde qui ouvre et ferme chaque porte fébrilement. Rien, juste ce silence pesant qui a kidnappé les éclats de rire et l'alchimie de cette famille qui dansent habituellement sur les murs de cet appartement.

Une fillette blonde, la plus âgée des deux, ouvre une porte de plus : elle est là, droite comme un « i », apeurée, affolée, prise au piège, réfugiée, cachée ! Seule la panique traverse son regard d'un bleu si intense et son index sur sa bouche fait signe de ne rien dire. La fillette qui se tient face à elle se sent tout aussi perdue. Le mari les rejoint et arrache sa femme à sa panique, la serrant dans les bras sans comprendre, la rassurant tout en s'inquiétant pour elle. Il reste présent, mais si impuissant et frustré.

Cette femme n'a trouvé que ce dressing dans un couloir pour échapper au poids de la maternité qui vient de s'abattre sur elle. Parce que là, tout de suite, maintenant, c'est trop pour elle ! Il y a ce bébé, dans son couffin, son chapeau de travers, vissé sur la tête, qui vient de franchir pour la première fois le seuil de sa maison. Quelques jours auparavant, la petite fille blonde, de nouveau grande sœur, l'avait croisé au détour d'un couloir de la maternité, car une puéricultrice avait eu la bonté de créer ce moment malgré l'interdiction faite aux enfants de moins de 15 ans de pénétrer dans le service. « *Oh, comme il est beau !* » avait-elle soupiré, envahie par une vague d'amour sans précédent. Un vrai coup de foudre ! La plus jeune des sœurs était, elle, plus discrète et moins emballée par ce bébé emmailloté qui venait lui ravir sa place de petite dernière ! Puis, au-delà de l'enfance, il y a cette souffrance cruelle, culpabilisante, qui isole du reste du monde et qui broie de toute sa force sa maman.

Elle l'a tellement voulu, attendu, porté, gardé au creux d'elle, ce fils, son fils, qui venait parfaire sa famille de bonheur. Mais elle n'en veut plus car, d'un coup, le bébé a laissé une place encore plus grande à sa trouille au ventre. Ses angoisses, déjà, lui avaient volé sa grossesse, tant son histoire résonnait en elle. Cette maman est née après un frère, emporté à 4 ans par la folie d'une voiture, avant sa naissance. Comment devenir alors l'enfant qui répare, le soleil de ses parents endeuillés ? Comment grandir dans le souvenir d'un garçonnet, d'un frère aussi blond et joyeux que soi-même, mais inconnu ? Et si aujourd'hui son bébé lui était aussi enlevé, comme à sa propre mère ? S'il allait mal et qu'elle ne savait plus faire avec lui ? Alors qu'elle avait su faire avec ses deux petites filles de 9 ans et 7 ans. Et si sa propre mère lui en voulait d'avoir ce fils qu'elle n'a plus ? Avait-elle seulement le droit d'avoir enfanté un fils et qui plus est de l'aimer ? Ce sont tous ces questionnements qui ont surgi de leur boîte, tels des pantins, à l'occasion de sa dernière grossesse et de la naissance de ce petit être.

Lorsque cette maman croule sous sa propre histoire et sous la responsabilité de cette nouvelle vie, elle veut fuir pour arrêter de souffrir et pour se soustraire à ce qu'elle croit être insurmontable. Elle culpabilise de se juger incapable, de se montrer vulnérable et de ne pas être à la hauteur de ce nouveau chapitre, tant désiré. Portée par le grand amour de sa vie, son mari, et sans aucune aide médicale, car, il y a trente-trois ans, la souffrance maternelle n'intéressait personne, elle a gravi sa montagne pas après pas. Sans suivi psychologique, sans médicament, sans reconnaissance mais juste à la force de son amour d'être mère ! Cette maman a mis plusieurs mois à renaître, à savourer son nouveau quotidien et à profiter sans trop angoisser de celui qu'elle aime inconditionnellement et surnomme tendrement « mon Wiwi ».

Cette partie de cache-cache a eu lieu en avril 1989 : les enfants ont grandi, le couple a vécu sa vie avec des hauts, beaucoup de hauts, des bas, des séparations et surtout des retrouvailles. La vie a glissé, dérapé parfois et filé toujours trop vite.

La petite tête blonde n'a rien oublié de ce jour, marquée pour toujours par sa violence et la douleur dans laquelle cette maman a été jetée. C'est, aujourd'hui, toujours aussi net dans son esprit, comme un arrêt sur image, comme une photo indélébile.

Cette petite tête blonde, c'est moi !

Ainsi la grande sœur que j'étais s'est muée en *back-up*, en petite maman, affublée de ses chaussures vernies et de ses robes à smocks, a flirté avec ses premiers émois maternels et protecteurs. La vie et ses épreuves l'ont confortée dans ce rôle. Trop tôt, trop vite, trop fort !

C'est ainsi que mon rôle d'aînée a pris un nouveau virage à 9 ans, que ma carrière de soignante a débuté et que ma vocation de ne plus jamais laisser une jeune maman s'enfermer dans un dressing pour échapper à sa détresse, de donner la parole aux futures, jeunes et moins jeunes mères, de les guider, de les aider, de les encourager, de les orienter, de leur donner confiance, de les soutenir, de les accompagner, de les rassurer et de croire en elles est née. Pour réparer ma maman, pour soigner toutes les autres, voire pour leur sauver la vie, comme le soulignent certaines de mes patientes. Cela me bouleverse.

Dès lors, j'ai crié haut et fort que, plus tard, je serai puéricultrice et c'est tout naturellement que mon stage de 3e a eu lieu au sein de la maternité de Saint-Cloud, celle dans laquelle j'ai vu le jour, voilà quarante-trois ans. Retour aux sources ! J'ai adoré assister à mon premier accouchement. C'était une fille et j'ai toujours gardé le faire-part offert par ses parents. J'étais enchantée, ébahie, subjuguée. Je me souviens avoir raconté chaque soir à ma grand-mère, Mémé, dans sa cuisine, haut lieu de nos discussions les plus intimes ou légères, mes découvertes de chaque journée.

Puis c'était parti pour mes études d'infirmière, les cours, les stages, les premières vacations en suites de couches durant les week-ends pour apprendre toujours plus et gagner un peu d'argent. Toujours trop fière d'enfiler ma blouse blanche et enjouée d'assister aux premiers pas de mes patientes en tant que maman.

Ces trois années ont filé en un éclair et n'ont fait que renforcer mon goût et ma passion pour la maternité. L'épreuve de la pratique de mon diplôme a eu lieu à l'hôpital parisien Necker, en soins intensifs de chirurgie viscérale néonatale, et je me suis vue proposer à l'issue de mon stage de six semaines mon premier poste. L'hôpital Necker, à la renommée européenne, m'ouvre ses portes et je m'y engouffre en mettant de côté mes velléités de puéricultrice. J'ai 21 ans et je suis très vite rattrapée par l'amertume de certaines collègues et la frustration de ne pas pouvoir faire plus pour mes petits patients et leurs parents. Je me sens davantage dans la technique

que dans la relation d'aide. Certaines images s'ancrent en moi, comme celle de cette maman à qui les brancardiers enlevaient, une fois encore, son petit pour être opéré. Chacun se battait. Mathis pour vivre (et il a vécu) et elle pour se blinder et tenter de se ne pas trop s'attacher à ce fils qu'elle n'aimait déjà que trop. Et moi, bloquée devant ma paillasse à préparer des dizaines de perfusions, à démêler des tubulures et à commander les consommables. C'est difficile de voir une maman se préparer au pire et de ne pas être assez disponible pour elle, et peut-être encore plus lorsqu'on a soi-même une profonde envie de faire un bébé et qu'on galère pour le faire.

2002, j'allais me marier et mon futur mari m'a enjointe, voire poussée, voire obligée à quitter mon service afin de rebondir après cette année qui m'avait déjà bien abîmée. Alors, j'ai abdiqué. J'ai profité de quelques semaines de congés pour épouser l'homme de ma vie et chercher un nouveau travail.

Cette fois, une petite clinique familiale viendra abriter, pendant dix ans, ma carrière, comme elle l'avait fait pour ma soutenance de mémoire sur l'allaitement maternel, à la fin de mes études. Lieu, à l'époque, d'un très bel échange entre professionnels de santé. J'y ai été très heureuse et épanouie. De nuit, de jour, en unité de néonatalogie, en suites de couches, en nurserie ou en salle de naissance, j'ai parcouru dans les moindres recoins les détails de vos émotions, de vos joies, de vos doutes, de vos déconvenues, de vos larmes… J'ai poussé en salle de naissance, j'ai serré les dents, j'ai pleuré avec vous, j'ai porté, lavé, pesé, nourri ou mis à vos seins vos bébés, je les ai accueillis, câlinés pendant que vous dormiez quelques minutes, je vous ai perfusées, piquées, consolées, prises dans les bras, j'ai refait vos pansements de césarienne, j'ai surveillé vos épisiotomies ou déchirures et involutions utérines, je vous ai relevées lorsque vous vous évanouissiez, je vous ai donné des médicaments contre les œdèmes, les hémorroïdes, la douleur, la montée de lait, j'ai organisé vos transferts vers d'autres structures, je vous ai tenu la main pour vous accompagner en néonatalogie ou en nurserie, j'ai massé et vidé vos poitrines engorgées, je vous ai encouragées « *Allez-y, poussez !* », « *Donnez tout, je vois la tête, venez la toucher !* », « *Encore un petit effort, vous y êtes presque !* », j'ai mis ma vessie à rude épreuve, j'ai sauté quelques repas, j'ai tant ri avec vous et mes collègues, j'ai même fumé quelques cigarettes avec vous, histoire de souffler ensemble, mais pour des raisons différentes. Vous m'avez passionnée et bouleversée, j'en ai encore les larmes aux yeux. Merci !

Dans le même temps, mon désir de bébé s'est fait de plus en plus intense (il l'a d'ailleurs toujours été), aussi intense que le parcours du combattant que nous avons eu à traverser pour devenir parents. En 2004, je suis devenue maman, après plusieurs FIV/ICSI, des saignements, la perte d'un jumeau à sept semaines d'aménorrhée, ma nuit passée à dire au-revoir à l'un et à prier pour garder l'autre au creux de moi « *vous allez sûrement perdre le second* » a dit le doc et enfin mon alitement pour le faire mentir. Les miracles existent : j'accouche dans « ma » clinique, le jour de mes 25 ans, entourée de mes collègues, ma famille et mon mari. Mon fils, Théo, rapte mon cœur et tout se passe comme dans mes rêves. Quelle chance indicible ! Nous vivons dans une bulle de bonheur et d'amour sans précédent. Je profite de lui pendant onze mois (tant pis, on mangera des pâtes), ses premières années sont douces et belles, à l'image de mon petit ange blond et bouclé. Je vis ce que j'ai toujours pensé ressentir, dans ma tête, mon cœur et mon corps.

Comble de joie ! En 2007, nous accueillons notre fille Lou, après plusieurs tentatives de FIV/ICSI. Mais décidément, tout n'est pas si simple. Ma grossesse est éprouvante physiquement et psychiquement : saignements, suspicion de trisomie 21, amniocentèse, attente des résultats pendant trois semaines en m'accrochant à mon bébé et elle à moi, retard de croissance intra-utérin, menace d'accouchement prématuré et hospitalisation, déclenchement en urgence avant terme, le tout sur fond de séparation de mes parents, de dépression gravissime de ma maman et de ma main dans sa sienne, jour et nuit. Le tout se finit par une césarienne en urgence (toujours « chez moi » avec mon équipe chic et choc). Ma fille Lou me confirme l'humilité de la maternité et je la remercie de tout mon cœur, car c'est certainement grâce à elle aussi que je comprends mes patientes.

Malgré ce démarrage solitaire, tristounet et douloureux, j'avance et vis un immense bonheur auprès de mes deux enfants, à tel point que j'arrête de travailler pendant plusieurs années. Je démissionne et j'assume pleinement mon choix, qui n'en est pas un, car c'est une évidence et je l'écoute, comme j'ai toujours plus écouté mon instinct que ma tête en ce qui les concerne, ce qui rend tout plus simple. Il me faut quand même supporter les remarques bien placées concernant le statut soi-disant avilissant de mère au foyer. Mais je veux tout partager avec eux deux, les très nombreuses tétées, chaque seconde, souffle, repas, petit bobo, premier pas, mot, bisou, dent, colère, pic de fièvre, partie de ballon, dessin, entrée à l'école, urgence, hospitalisation, chagrin, bagarre, fou rire, gastro, cinéma, câlin, goûter, devoirs… Alors, je le fais.

Je suis toujours restée en lien avec mes collègues et ce service que je chéris tant, empli d'intenses souvenirs personnels et professionnels. Doucement, l'idée d'approfondir mes connaissances fait son chemin et je reprends, en 2012, des études en psychologie et psychopathologie périnatale. Je me sens au bon endroit, je trouve de quoi nourrir mes questionnements alors que notre désir de troisième bébé s'impose à nous.

Il est profond et tenace et nous conduit à changer de centre de PMA, car j'avais un peu moins confiance dans le premier et besoin de nouveauté pour y croire encore alors que nous nous apprêtions à défier de nouveau la nature. De nombreux examens et rendez-vous auront été nécessaires avant de nous relancer et d'obtenir notre *pass* pour une nouvelle ICSI. C'est l'occasion pour nous deux de rencontrer un médecin extraordinaire, au doux prénom de Laëtitia, qui m'a apporté mon troisième enfant sur un plateau grâce à son humanité et à sa conviction : *« Vous l'aurez, votre bébé. »* C'était sans compter que je me tromperai, comme une bleue, dans mes injections d'hormones en vue de la ponction : acte manqué ? Alors elle m'a dit *« bon, cette fois-ci, vous êtes prête, on va le chercher ce bébé ? »*. J'étais prête !

Pour notre plus grand bonheur, Laura, à son tour, pousse en moi. Décidément, le point commun de mes trois grossesses aura été les saignements et la peur viscérale et criante de les perdre mais aussi mon émerveillement et mon élan d'amour pour eux. Le 12 juillet 2013, elle nous rejoint et je vis alors le paroxysme de l'accomplissement, de la complétude, de l'amour et de la joie. Nos trois enfants m'entourent dans cette chambre, après avoir été accouchée par mon amie, Isabelle. Mon mari s'émerveille et ensemble, nous nous inclinons face à dix années de PMA, de tests sanguins, de larmes, d'échographies, d'échecs, de piqûres, de ponctions, de transferts d'embryons frais ou congelés, de détermination, d'espoir, de détresse, de rendez-vous, de bilans génétiques, de spermogrammes, d'hyperstimulations ovariennes et devant ce chemin qui nous aura forgés en tant que couple, adultes et parents, comblés et heureux.

Je profite alors de tous ceux que j'ai toujours désirés le plus au monde tout en réalisant des consultations de temps en temps, car je suis fraîchement diplômée en psychologie périnatale. Il m'aura fallu beaucoup de temps pour me sentir pleinement légitime à exercer en tant que consultante en périnatalité. Le temps a toutefois fait son œuvre, les expériences se sont multipliées en tournant des vidéos (pour l'ancienne plateforme *Le Couffin* dédiée aux futurs et jeunes parents), en répondant à des interviews pour des articles de presse, en enregistrant des podcasts avec *Les Louves* (un média que je chéris particulièrement), en étant experte pour *My Louves*, une plateforme qui accompagne la grossesse et le post-partum, en animant des conférences et des ateliers, en participant à des *live* sur les réseaux sociaux (que j'utilise très peu) et surtout en suivant de plus en plus de patientes et en exerçant toujours plus. Aujourd'hui, j'assume : j'ai créé mon entreprise *Lien Maman Bébé*, et je suis consultante en périnatalité !

J'ai une grande conscience de la responsabilité qui est désormais la mienne. Je connais le poids des mots, la valeur de la relation de confiance qui m'unit à chaque femme, la vulnérabilité d'une jeune maman, mais aussi ses ressources et sa force d'avancer pour être au rendez-vous de son bébé. Chaque histoire est unique, singulière, initiatique et c'est bien pour cela que c'est sans aucune méthode que j'aborde chaque nouvelle consultation. Je suis là, simplement, avec ce que je suis, ce que j'apprends depuis vingt-cinq ans en tant qu'infirmière, mère, femme et consultante en périnatalité.

Comme un hommage au lien soignant-soigné, je vous dédie, affectueusement, ce livre comme vous m'avez confié vos histoires, vos bébés et vos émotions.

Remerciements

Je remercie, du fond du cœur :

Ma maman, qui m'a mise sur le chemin de l'amour gratuit et inconditionnel d'une mère pour son enfant, petit ou grand. Elle a aussi relu chaque page de ce livre et a toujours ainsi conclu : *« Ah ! C'est vraiment bien ! Tu écris de mieux en mieux. »* Avec mon papa, notre Iron Man, ils m'ont offert ma sœur, Deborah, puis mon frère, William. Ils sont tous les quatre mes racines pour toujours.

Ma sœurette d'amour, pour son enthousiasme, son soutien, sa fidélité, sa relecture et qui s'est autoproclamée attachée de presse non officielle tant cet ouvrage l'a emballée.

Amandine, qui est à l'origine de ce projet, qui m'a tenu la main lors de l'écriture de ce livre et avec qui je suis immuablement sur la même longueur d'onde. Son professionnalisme, nos fous rires, nos larmes, notre complicité et notre harmonie auront participé à le rendre si intime.

Les femmes, ma famille, mes amies, mes patientes qui n'ont pas hésité une seconde à rejoindre cette aventure. Elles ont tout dit et ont sauté dans le vide avec moi, toutes en confiance, passion, sororité et liberté pour qu'aujourd'hui, leurs histoires et notre lien soient à jamais gravés.

Les femmes qui m'ont fait l'honneur de témoigner, mais dont je n'ai pas eu l'occasion de raconter les parcours, mais que je tiens, de tout cœur, à citer : Justine pour l'isolement, Marie-Laure pour les angoisses de la grossesse, Anastasia pour la bipolarité et Delphine pour la PMA à l'étranger.

Rose-Marie et Loriane pour leur engouement et leur soutien, les éditions First pour leur concours, Youlie pour ses illustrations symboliques et tous ceux qui ont œuvré dans l'ombre et qui ont fait de ce livre ce qu'il est.

Vous tous, qui m'avez lue jusqu'au bout et en qui un mot, une phrase ou une histoire aura peut-être fait écho.

Enfin, avec eux quatre, j'aimerais clore cette aventure :

Mon mari Jérôme, mon repère, mon amour de chaque heure depuis vingt-six ans, pour sa patience, ses encouragements, pour qui la périnatalité n'a plus aucun secret et qui a cru en ce livre, alors qu'il n'était qu'un secret.

Mes enfants, Théo, mon petit grand, tout feu tout flamme, Lou, si intense comme disait Pépé, douce et généreuse, et Laura, si espiègle, aimante et incroyable ! Grâce à eux, j'ai réalisé mon rêve, pour eux je me dépasse, à travers eux j'apprends, avec eux je vibre et pour toujours je les aimerai. Théo, Lou et Laura, je vous aime.

Annuaire SOS maternité (non exhaustif)

Pour vous aider ou soutenir une maman ou un papa proche de vous :

ASSOCIATIONS

AGAPA
Pour les parents confrontés à la fin de vie de leur tout-petit et à la traversée du deuil.
www.association-agapa.fr

Association Petite Émilie
Pour les personnes confrontées à une interruption médicale de grossesse ou à un deuil périnatal.
http://petite-emilie.assoconnect.com

CEKI
Pour aider les parents dans un parcours PMA en France ou à l'étranger.
www.eke-kdos.com

Césarine
Pour un soutien autour de la césarienne.
http://www.cesarine.org

IBCLC Accompagnantes
Pour le soutien à l'allaitement maternel.
www.consultants-lactation.org

Maia
Aide aux couples infertiles.
www.maia-asso.org

Maman Blues
Soutien à la difficulté maternelle.
www.maman-blues.fr

Naître et vivre
Accompagnement des parents en deuil d'un tout-petit.
www.naitre-et-vivre.org

SOS Préma
Soutien aux familles d'enfants prématurés et hospitalisés.
www.sosprema.com

SPAMA
Pour les parents confrontés à la fin de vie de leur tout-petit et à la traversée du deuil périnatal
www.association-spama.com

NUMÉRO D'URGENCE

Allo Parents Bébé
Service et appel gratuit : 0800 00 34 56
Du lundi au vendredi, de 10h à 13h et de 14h à 18h
Pour les questions concernant la grossesse et les enfants de 0 à 3 ans.

PLATEFORMES

Les 1 000 premiers jours
Santé Publique France

Les Fabuleuses au Foyer
Pour accompagner les mamans au foyer.
www.fabuleusesaufoyer.com

Les Louves* et leur podcast *Mères
Pour un soutien dans toutes les étapes de la maternité.
www.leslouves.com

My Louves
Un programme de développement personnel pour accompagner la grossesse et le post-partum.
http://my.leslouves.com

APPLICATION

WeMoms
Groupes de mamans autour de la maternité.

COMPTES INSTAGRAM

@9mois9jours
Témoignage autour d'une mort infantile. Pauline a aussi écrit un roman du même titre.

@ameliechalleat
Maman de deux enfants dont un bébé très prématuré et fondatrice de @allezlamour pour soutenir SOS préma.

@dr.laure.einaudi
Pour les problématiques santé autour de la maternité et de la gynécologie.

@la.sage.femme
Pour vous aider sur la grossesse, la maternité et la gynécologie.

@le_regret_maternel
Communauté autour du regret maternel.

@jujulagygy
Pour toutes les questions autour de la gynécologie.

@rosechou_
Magasin de puériculture et lieu de vie pour futures et jeunes mamans.

@otipi_boutique
Magasin de jouets et espace convivial pour les parents et leurs enfants.

LIEU D'ACCUEIL POUR FUTURES ET JEUNES MAMANS

Protection maternelle et infantile
Des structures par secteur pour le soutien aux familles.
http://allopmi.fr

LIVRES

Ainsi gèlent les bulles de savon, Marie Vareille, éditions Charleston, 2021.

Bébé green & slow, un mode de vie sain et engagé de la grossesse aux premières années, Amandine Gombault, éditions First, 2023.

Louves : comment la maternité nous transforme, Marine Deffrennes et Marion Roucheux, éditions First, 2022.

Achevé d'imprimer par
Normandie roto impression s.a.s.
N° d' impression : 2300066
Dépôt légal : mars 2023
Imprimé en France